复旦卓越·21世纪管理学系列

"十二五"职业教育国家规划教材配套用书

上海高校重点建设课程配套教材

管理经济学
习题与案例指南

（第二版）

毛军权 编著

复旦大学出版社

内容提要

本书以作者编著的"十二五"职业教育国家规划教材《管理经济学基础与应用》(复旦大学出版社，第三版)为主体，同时参阅了国内外管理经济学有关的著作编撰而成，主要包括本章要点、习题与解答、案例分析三个部分，并附有部分模拟试卷及其参考答案。其中，"本章要点"部分总结各章的核心内容，帮助读者提纲挈领地把握每章内容的重点和精粹；"习题与解答"部分涉及名词解释、选择题、判断改错题、简答题、计算题等五种比较常见的题型；"案例分析"部分则提供了来源于实践的34个案例，并给出了这些案例的分析提示。

虽然本书是为主教材《管理经济学基础与应用》配套编写的，但其中的多数习题和案例与教材内容有相对独立性，因此对使用其他教材的读者亦有参考价值，特别对于高职高专院校和应用型本科院校管理类专业的学生来说，更是一本非常适用的学习指导书。

前 言

本书以作者编著的"十二五"职业教育国家规划教材《管理经济学基础与应用》(复旦大学出版社,第三版)为主体,同时参阅了国内外管理经济学有关的著作编撰而成,并得到了上海高校重点课程建设项目计划的支持。

本书的主要框架体系包括本章要点、习题与解答、案例分析三个部分,并附有部分模拟试卷及其参考答案。其中,"本章要点"部分总结各章的核心内容,帮助读者提纲挈领地把握每章内容的重点和精粹;"习题与解答"部分涉及名词解释、选择题、判断改错题、简答题、计算题等五种比较常见的题型;"案例分析"部分则提供了来源于实践的 34 个案例,并给出了这些案例的分析提示。这里需要指出的是,书中针对案例所提供的分析提示,并非标准答案,事实上也不可能存在所谓的标准答案,这些分析提示仅供参考。读者可以各抒己见、畅所欲言,但必须言之成理、持之有故,能够自圆其说,尤其鼓励有独特创见的个性化观点。

本书由上海行政学院毛军权教授撰稿编著,上海财经大学博士生导师王玉教授对本书初稿进行了审阅,并提出许多宝贵意见。在此,向王玉教授表示由衷的谢意!同时,在本书的撰写过程中,参阅、引用了有关著作和教材(主要是《管理经济学基础与应用》参考文献中列出的教材,还有的在本书中进行了标注或说明),但限于篇幅,可能会有遗漏,在此一并对这些著作和教材的作者表示衷心的感谢!

虽然本书是为主教材《管理经济学基础与应用》配套编写的,但其中的多数习题和案例与教材内容有相对独立性,因此对使用其他教材的读者亦有参考价值,特别对于高职高专院校和应用型本科院校管理类专业的学生来说,更是一本非常适用的学习指导书。另外,虽然本书的所有内容都经过作者的反复斟酌和分析,但问题和缺陷肯定还是难免的。对此,恳请广大读者谅解并提出批评意见,作者将认真加以改正。我的电子邮件地址是:maojqge@126.com。

毛军权
2014 年 8 月于上海

目录

第一章　绪论 ··· 1
  1.1　本章要点 ··· 1
  1.2　习题与解答 ··· 2
  1.3　案例分析 ··· 5
  案例1-1　经济学是使人生幸福的学问 ······································· 5
  案例1-2　讯息替代定律 ·· 12

第二章　市场供求分析 ··· 14
  2.1　本章要点 ·· 14
  2.2　习题与解答 ·· 15
  2.3　案例分析 ·· 21
  案例2-1　海尔洗衣机为何能全球销量第一 ································· 21
  案例2-2　猪肉价格为什么大涨 ·· 23
  案例2-3　限购一年,京城楼市量价齐跌 ···································· 25
  案例2-4　农产品的价格保护 ·· 27

第三章　需求弹性分析 ··· 29
  3.1　本章要点 ·· 29
  3.2　习题与解答 ·· 30
  3.3　案例分析 ·· 36
  案例3-1　根据"E_P"把生意做大——美国西南航空公司的发家故事 ········ 36

  案例 3-2 京沪高铁开通,航空票价"跳水" …………………………… 38

  案例 3-3 国际奢侈品价格为什么境内外倒挂 ………………………… 39

  案例 3-4 打印机搭售策略 …………………………………………… 41

第四章 投入-产出分析 …………………………………………………… 43

 4.1 本章要点 ……………………………………………………………… 43

 4.2 习题与解答 …………………………………………………………… 44

 4.3 案例分析 ……………………………………………………………… 53

  案例 4-1 三季稻不如两季稻 ………………………………………… 53

  案例 4-2 吉利的通用零件 …………………………………………… 54

  案例 4-3 规模经济与企业竞争优势 ………………………………… 56

  案例 4-4 微信带给企业的变革 ……………………………………… 58

第五章 成本-收益分析 …………………………………………………… 60

 5.1 本章要点 ……………………………………………………………… 60

 5.2 习题与解答 …………………………………………………………… 61

 5.3 案例分析 ……………………………………………………………… 70

  案例 5-1 排队等待加油的机会成本 ………………………………… 70

  案例 5-2 裁员的短期成本和长期成本 ……………………………… 72

  案例 5-3 薄利多销与涨价滞销 ……………………………………… 74

  案例 5-4 闲暇时间产品(LTP)公司的决策 ………………………… 75

第六章 市场结构与企业经营决策 …………………………………………… 78

 6.1 本章要点 ……………………………………………………………… 78

 6.2 习题与解答 …………………………………………………………… 79

 6.3 案例分析 ……………………………………………………………… 85

  案例 6-1 可可产业与竞争模型 ……………………………………… 85

　　案例6-2　广告与眼镜 ··· 87
　　案例6-3　石家庄一居民小区预收5年水费引质疑 ································· 88
　　案例6-4　北京的花炮为什么这么贵 ··· 90

第七章　企业定价与广告决策 ·· 92
　7.1　本章要点 ··· 92
　7.2　习题与解答 ·· 93
　7.3　案例分析 ··· 100
　　案例7-1　温迪饭店的成本加成定价 ··· 100
　　案例7-2　杂货店定价方法 ·· 102
　　案例7-3　上海稳步推行阶梯电价制度 ·· 103
　　案例7-4　加多宝的跌宕命运 ··· 105

第八章　企业投资决策分析 ·· 107
　8.1　本章要点 ··· 107
　8.2　习题与解答 ·· 108
　8.3　案例分析 ··· 115
　　案例8-1　风险、资本预算与Kevlar ·· 115
　　案例8-2　阿斯特拉国际公司的起伏 ··· 117
　　案例8-3　柯达百年沉浮史 ·· 119
　　案例8-4　自由资本 ·· 121

第九章　市场失灵与政府微观经济政策 ·· 123
　9.1　本章要点 ··· 123
　9.2　习题与解答 ·· 124
　9.3　案例分析 ··· 129
　　案例9-1　黄浦江死猪事件的警钟 ·· 129

案例 9-2　沃尔玛在德国 …………………………………………………… 131
案例 9-3　"一毛钱处方"引发的争议 ……………………………………… 132
案例 9-4　产业政策还是创新政策 ………………………………………… 134

附录 ……………………………………………………………………………… 136
模拟试卷一 ……………………………………………………………………… 136
模拟试卷二 ……………………………………………………………………… 143

第一章

绪 论

1.1 本章要点

1. 自由物品是指人们不用花钱就可以得到的物品;经济物品是指人们必须花费一定的代价才能得到的物品;资源则主要是指用来生产能满足人们需要的经济物品的东西和劳务,一般包括劳动、资本、土地和企业家才能这四个要素。

2. 人类社会面临的基本经济矛盾是人类的需要的无限性和用来满足需要的各种资源的稀缺性之间的矛盾,由此可以得出"生产什么与生产多少"、"如何生产"、"为谁生产"这三个基本问题就是人类社会所要解决的基本经济问题。经济发展就是要提高资源尤其是稀缺资源的配置效率,以尽可能少的资源投入生产尽可能多的产品、获得尽可能大的效益。因此,从根本上说,经济学最核心的问题就是如何将稀缺的资源进行有效的配置。

3. 现代经济学最重要的两大分支是微观经济学与宏观经济学。宏观经济学着眼于国民经济的总量分析,它以整个国民经济的运作作为研究对象,通过研究经济中各有关总量的决定及其变化,来说明如何才能充分利用资源的问题。微观经济学通过研究单个经济主体的经济行为和相应的经济变量数值的决定,来说明价格机制如何解决社会的资源配置问题。

4. 企业是组织资源进行生产,并承担相应风险的经济组织。企业管理决策过程,通常包括确定目标、界定问题、找出问题产生的原因、提供可供选择的方案、收集和估计数据、对各种可能的方案评估并选出最优方案、实施和监控等七个步骤。

5. 管理经济学被定义为运用经济学理论和决策科学的分析工具,研究企业生产经营决策系统行为的规律性,以寻求经济效益最佳的一门应用性经济学科。对企业管理者来说,管理经济学原理能在确定的现有经济环境中,为决定资源在企业内部的有效配置方案提供分析框架和帮助企业管理者对各种经济信号作出反应。就研究对象而言,管理经济学研究企业经营中所面对的经济决策问题,而这种研究主要建立在两个理论基础之上:一个是经济学理论,其中微观经济学的理论和方法构成主要理论支柱;另一个是基于定量分析的决策科学。

6. 管理经济学与作为其主要理论支柱的微观经济学在许多方面具有很多共同点,如研究内容、分析方法和逻辑推理等。但是,从学科属性上来讲,微观经济学是一门理论科学,而管理经济学是一门应用科学,它们在研究内容、范围、方式、目标等方面也还存在一些不同之处。

7. 边际分析法和最优化分析法是管理经济学最常用的分析方法。所谓边际分析法是借助函数关系,研究因变量随着自变量的变化而变化的程度的经济分析方法;而最优化分析法就是将数学中的最值方法应用到管理经济学中,也即求出各种经济函数的最值。

1.2 习题与解答

一、名词解释

1. 自由物品:是指人们不用花钱就可以得到的物品。
2. 经济物品:是指人们必须花费一定的代价才能得到的物品。
3. 企业:是指组织资源进行生产,并承担相应风险的经济组织。
4. 微观经济学:是指以家庭、企业(厂商)等单个经济单位为研究对象,研究它们的决策行为以及在基本经济活动中相互关系的经济科学,价格理论是其核心理论。
5. 管理经济学:是指运用经济学理论和决策科学的分析工具,研究企业生产经营决策系统行为的规律性,以寻求经济效益最佳的一门应用性经济学科。
6. 边际分析法:是指借助函数关系,研究因变量随着自变量的变化而变化的程度的经济分析方法。
7. 最优化分析法:是指将数学中的最值方法应用到管理经济学中,也即求出各种经济函数的最值。

二、单项选择题

1. 经济学可以定义为(　　)。

   A. 政府对市场制度的干预

   B. 研究如何最合理地配置稀缺资源于诸多用途

C. 企业取得利润的活动

D. 人们靠收入生活

2. 资源的稀缺性是指(　　)。

　　A. 资源必须保留给下一代

　　B. 相对于资源的需求而言,资源总是不足的

　　C. 世界上大多数人生活在贫困中

　　D. 世界上的资源最终将消耗光

3. 经济物品是指(　　)。

　　A. 有用的物品　　　　　　　　B. 稀缺的物品

　　C. 要用钱购买的物品　　　　　D. 有用且稀缺的物品

4. 经济学研究的基本问题是(　　)。

　　A. 如何生产　　　　　　　　　B. 生产什么,生产多少

　　C. 为谁生产　　　　　　　　　D. 以上都是

5. 管理经济学涉及管理中的(　　)。

　　A. 企业资源合理配置有关的经济决策方面

　　B. 人事、组织决策方面

　　C. 财务决策方面

　　D. 销售决策方面

参考答案：1.（B） 2.（B） 3.（D） 4.（D） 5.（A）

三、多项选择题

1. 下列选项中,属于经济物品的有(　　)。

　　A. 食品　　　　　　　　　　　B. 汽车

　　C. 阳光　　　　　　　　　　　D. 服装

　　E. 空气

2. 下列选项中,属于资源配置问题的有(　　)。

　　A. 生产什么,生产多少　　　　B. 如何生产

　　C. 为谁生产　　　　　　　　　D. 买入

　　E. 卖出

3. 管理经济学对于企业管理者能够发挥的作用是(　　)。

　　A. 为决定资源在企业内部的有效配置方案提供分析框架

　　B. 消除企业经营的风险

　　C. 对各种经济信号作出反应

　　D. 规范企业内部人事管理

E. 保证企业经营决策的准确性

参考答案：1.（A,B,D） 2.（A,B,C） 3.（A,C,E）

四、判断改错题

1. 人类社会面临的基本经济矛盾是人类的需要的无限性和用来满足需要的各种资源的开放性之间的矛盾。（×）

改为：人类社会面临的基本经济矛盾是人类的需要的无限性和用来满足需要的各种资源的稀缺性之间的矛盾。

2. 经济学的核心问题就是如何将稀缺的资源进行均等的分配。（×）

改为：经济学的核心问题就是如何将稀缺的资源进行有效的配置。

3. 管理经济学就是微观经济学。（×）

改为：管理经济学源于微观经济学，但又不完全同于微观经济学，它是在微观经济学的基础上，加入了决策分析的原理与技术，对管理决策问题进行最优选择。

4. 边际分析法是管理经济学的唯一分析方法。（×）

改为：边际分析法和最优化分析法是管理经济学最常用的分析方法。

5. 管理经济学是一门应用性科学，不能局限于对经济理论本身的探讨，其根本目的在于为企业的生产经营决策提供经济分析的方法和手段。（√）

五、简答题

1. 人类社会要解决的基本经济问题是什么？

答：人类社会要解决的基本经济问题包括：

（1）生产什么与生产多少？即将现有资源用于哪些商品（包括服务）的生产？各种商品又分别生产多少？

（2）如何生产？即用什么方法来生产？怎样生产才能获得最大的投入产出？

（3）为谁生产？即生产出来的商品怎样在社会成员之间进行分配？

2. 企业管理决策一般按照什么步骤进行？

答：企业管理决策一般按照以下步骤进行：

（1）确定目标。

（2）界定问题。

（3）找出问题产生的原因。

（4）提出可供选择的方案。

（5）收集和估计数据。

（6）对各种可能的方案评估，从中选出最优方案。

（7）实施和监控。

3. 管理经济学与微观经济学之间的关系怎样？

答：管理经济学要借助一些微观经济学的原理和方法，因此两者之间存在着密切的联系，如在研究内容、分析方法和逻辑推理等方面具有很多共同点。在某种意义上，可以将管理经济学视为应用微观经济学，或者说管理经济学吸收了微观经济学中对企业、管理者而言最为重要的应用部分。但是两者又是有区别的。从学科属性上来讲，微观经济学是一门理论科学，而管理经济学是一门应用科学，它们在研究内容、范围、方式、目标等方面也还存在一些不同之处。

第一，在内容、范围上的区别。微观经济学是站在整个社会的角度，考察和分析微观经济主体的行为决策以及各种经济资源的优化配置；管理经济学则是站在企业管理者的角度，为企业的最优决策提供经济分析工具，其内容是紧紧围绕企业的决策问题而展开的。

第二，在研究方式上的区别。微观经济学偏重于理论分析，其研究的角度更倾向于社会的与规范的，主要回答"应该是什么"的问题。相对而言，管理经济学偏重于应用分析，其研究的角度更倾向于企业的与实证的，主要回答"是什么"的问题。

第三，在研究目标上的区别。微观经济学是为了揭示微观经济主体的行为，理解价格机制如何实现经济资源的优化配置；管理经济学则是为企业管理者服务的，其目的是为了解决企业的决策问题而提供经济分析手段。

第四，在研究假设条件上的区别。微观经济学认为，市场上每一个从事经济活动的个体都对有关的经济情况具有完全的信息，并且都把追求最大的经济利益作为唯一目标；管理经济学则认为，现实企业面对的环境信息通常是不确定的，企业经营目标多是有条件地谋求尽可能多的利润。

1.3 案例分析

案例 1-1　经济学是使人生幸福的学问

经济学是什么？

从我国目前的情况来看，经济学的普及程度还相当低。建立市场经济的改革是一场革命，需要有广大民众的参与和支持。当群众对经济学有所了解时，他们会更好地理解改革。在改革中，所有的人都要转变观念，而普及经济学是有利于观念转变的。

网上有许多笑话都是嘲讽经济学家的。有一则笑话说,经济学的用处就是应付经济学这门课的考试。在许多人看来,经济学或者是经邦济世的学问,太深奥;或者是经济学家玩的游戏,与群众无关。其实这些都是误解。

经济学是一门选择的科学。每个社会、每个企业、每个人都会遇到欲望与资源的矛盾,都必须作出选择。一个人每天只有24小时,既要工作又要休闲,把多少时间用于工作、多少时间用于休闲,这就是一个选择。一个企业资源是有限的,生产什么产品与劳务,也是一个选择。一个社会既要实现效率,又要实现公平,这还是一个选择。当然,经济学并不是为我们遇到的各种矛盾问题提供现成的答案,而是告诉我们分析与解决矛盾问题的方法和思路。

在《拉封丹寓言》中,有一头著名的布利丹毛驴,它面对两捆干草不知该吃哪一捆好,最后竟然饿死了。布利丹毛驴面临的其实就是经济学家所说的选择问题。在资源有限的情况下,作出某种选择必定要放弃另一些选择。为了某种选择而放弃的其他选择,称为某种选择的机会成本。例如,选择攻读研究生学位就要放弃工作机会。如果大学毕业可以找到年薪3万元的工作,攻读一年研究生学位的机会成本就是3万元。因为作出攻读研究生学位的选择,必须放弃工作的选择。

人们作出选择是为了实现最大化的目标,如个人幸福的最大化、企业利润的最大化、社会福利的最大化等。其实,最大化是所有动物的本能,是所有动物有意或无意的行为目的。仔细观察动物的行为,野兽捕猎物、蜜蜂建蜂房,都符合最大化规范。那么,人比动物强在什么地方呢?动物追求最大化是凭本能,人追求最大化是靠理性。这种理性就是经济学的分析方法。经济学家的研究发现,可以通过对增量的分析,来找出实现总量最大的方法。比如,企业追求利润最大化,利润是总收益与总成本之差。通过分析总收益与总成本增量的变动,可以找出实现利润最大化的正确方法。经济学家把产量增加一个单位,而引起的收益增加称为边际收益,相应的成本增加称为边际成本。他们证明了,当边际收益等于边际成本时,产量就能实现利润最大化。这是对许多企业实践经验的理论总结,被实践证明是正确的。用这个原理去指导企业生产就可以少走弯路、少交学费。经济学家分析增量的方法称为边际分析法,现在已经得到了广泛运用。在追求最大化中,采用这种分析来作出决策,会使决策更加理性和正确。从这个意义上说,经济学是一门使人更理性、更聪明的学问,了解经济学能提高我们的分析与决策能力。

当人们谈到最大化时,往往有些误解。例如,把个人的目标定义为收入最大化,或者把社会的目标定义为GDP(国内生产总值)最大化。其实经济学家所说的最大化不是一元的最大化,而是多元的最大化。如果仅仅把个人的目标作为只包括收入的一元函数,为了使收入增加而不惜一切代价,其结果往往是人生并不幸福。只有把人的目标作为包括收入、社会地位、家庭生活、人际关系等在内的多元函数,追求这种多元函数均衡的最大化,人才会幸福。同样,一个社会也不能把GDP作为唯一的目标。社会只有把GDP、社会公正、生态平衡等作为目标,求得这些目标的平衡,即全面协调发展,才有整个社会福利的提高,才是理想的社会。经济学家认为,只有达到多种目标的均衡才能实现最大化。当我们理解了这一切时,才能理性地设计人生与社会的目标。正是在这种意义上,英国大文豪萧伯纳把经济学称为"使人生幸福的学问"。

我们的社会正处于转型时期,我们的目标是建立有中国特色的社会主义市场经济。邓小平同志曾指出,我们的社会主义市场经济与资本主义市场经济在运行方式和调节方法上是一致的。要建成社会主义市场经济体制就必须了解市场经济的规律,而现代经济学正是对各国市场经济共同规律的总结。了解经济学可以使我们在建立市场经济体制中事半功倍。我们在改革中走了一些弯路的原因之一,正是对经济学了解太少。例如,现代经济学把产权明晰作为市场经济的基础,当我们没有认识到这一点时,国有企业让利放权、承包制等方法都没有成功;只有认识到这一点,把产权明晰、建立现代企业制度作为中心时,国企改革才能有突破性的进展。

一些企业家错误地认为,不学经济学照样能成功。应该说,企业家是天生的,不是学经济学学出来的。在经济发展之初,许多人尽管不懂经济学,甚至没有文化,但凭着他们对市场的敏感、胆识和勤奋成功了。然而在企业做大之后,还是这样干下去,就难免会有失败的危险。在改革开放之初,许多成功的企业家都先后倒下去了,其原因当然是多方面的,但不懂经济学、违背经济规律蛮干是一个重要原因。现代企业家需要文化,就包括要有经济学修养。一个天才的企业家可能会有一时的辉煌,却难得基业长青。天才企业家也必须学习,学习经济学和其他知识,经济学可以为天才企业家添翼。

在市场经济中,经济学是每个公民必须具备的素质之一。经济学从无到有,发展为今天的"显学",这说明经济学是有用的。从我国目前的情况来看,经济学的普及程度还相当低。建立市场经济的改革是一场革命,需要有广大民众的参与和支持。当群众对经济学有所了解时,他们会更好地理解改革。在改革中,所有的人都要转变观念,而普及经济学是有利于观念转变的。

经济学家该做什么?

经济学被称为"显学",说明社会对经济学的重视,但也产生了一些不好的后果。这就是一些经济学家以"经邦济世者"自居,到处指手画脚,大有"舍我其谁"的气势,其结果危害了他人与社会。所以,也有人把经济学家称为"乱世者"。

经济学家"乱世"一个重要原因,是把理论当作放之四海而皆准的教条,不顾实际情况地照搬。在经济学中,任何理论都是有前提条件的,也只有具备这种条件才适用。离开了这种前提条件,任何正确的理论都会产生不利的后果。一些经济学家强调用市场方式来调控宏观经济,如用利率等手段来进行引导。这本来不错,但市场引导的前提是市场机制完善,企业是独立的决策主体。如果不具备这些条件,市场引导基本是无效的。就我国而言,市场经济体制还没有完全建立起来,国有企业控制着国计民生的关键部门,这些企业仍由政府控制,还没有成为真正意义上的企业。国企的决策在很大程度上还不取决于利率,或者说对利率的变动不敏感。许多民营企业无法从银行得到贷款或进入资本市场,利率的变动对它们的影响也有限。尤其是地方政府的投资与利率关系更淡。在这种情况下,把利率作为宏观调控的工具,作用就极为有限了。20世纪90年代后期,我国银行曾7次降息,但对经济的拉动作用并不大,前不久的提息对抑制经济过热作用也不明显。在经济手段作用有限的情况下,宏观调控不得不用行政手段。用经济手段来实现宏观调控是我们的目标,但目前还不能完全做到,这是国情决定的。西方那一套宏观调控方法现在也不一定适用于我国,一味强调市场方式调控,经济岂不失控?

其实,即使是完全的市场经济国家,经济政策也并不完全是根据经济理论(尽管是正确的理论)制定的。政策制定不仅要考虑经济,还要考虑社会、政治等多种因素,有时这些因素甚至比经济因素还重要。比较成本是公认的真理,由此得出的政策应该是自由贸易,但许多国家,甚至像美国这样的发达国家,仍然在实行某种贸易保护。这时起作用的不是经济理论,而是政治需要。小布什总统对进口美国的钢铁提高税率就是担心得罪美国的钢铁从业者(包括股东、经理人员和工人),从而失去选票。像日本和韩国这样的国家,拼命限制农产品进口,以至于国内农产品价格奇高,不是因为在经济上有利,而是怕得罪农民,社会不安定。

由此看来,如果经济学家死守那些自以为对的教条,是不能制定出好政策的。让经济学家治国,国家也许会乱。当然,我们这样说,绝不意味着经济学家在制定政策中一无所用。经济学家研究出来的理论总是政策制定的重要依据之一,没有正确的理论就没有正确的政策。只要不是教条式地照搬,理论还是有用的。同时,经济学家如果既精通理论又了解实际,仍然可以提出有益的政策建议或对某种政策提出批评。应该说,在中国经济改革过程中,一批精通现代经济理论又熟悉中国国情的经济学家起到了积极作用。这说明,经济学家只要摆对自己的位置,仍然是大有可为的。

经济学家近年来还热衷于为企业出谋划策。把经济学理论运用于企业实际是经济学家的作用之一,但要做到这一点更不容易。企业千差万别,一种理论不可能适用于所有企业。一些经济学家把某些成功企业的经验上升为理论,称为"模式",并向其他企业推广。这样的人大概十个有九个要失败。比如,有些企业是由一元化向多元化而做大做强的,另一些企业则是由多元化向一元化而做大做强的。如果不了解企业的实际情况,套用一个模式,哪有不败之理?一些经济学家理论懂得不少,但对企业实际并不熟悉,让这些经济学家去为企业咨询出招,企业会深受其害。经济学家只有深入企业才能为企业服务,可深入企业又谈何容易啊!

当前,经济学家正在走红,有的进入政府当官,有的进入企业发财,其实这并不是经济学家的正路。经济学家应该是学者,学者是做学问的,学问不是升官发财的工具,而是知识的积累。我想,以做学问为目的的经济学家有两个任务。一是从事研究工作。经济学家的任务主要不是改造世界,而是认识世界。认识世界就是要不断深入对经济规律的认识,并将之上升为理论。也许在书斋中从事这种研究工作的人并不需要很多,但一定要有这种经济学家。从短期来看,这些经济学家也许没用,但从长期看,他们推动了经济学的进步,深化了我们对现实经济世界的认识,他们是人类世界精神文明的创造者。现在,这样的经济学家的确是太少了。

经济学家的另一个任务是把经济学知识普及给大众。许多著名经济学家,如美国的弗里德曼、贝克尔、诺斯、曼昆、克鲁格曼等,不仅是经济学大师,而且也是普及经济学的高手。要把深奥的经济学道理讲给公众听,让他们听得懂、愿意听,不是一件容易的事。这首先要有深厚的经济学功底,其次还要有清新、生动、幽默的文风。普及经济学不是在课堂上讲课,而是让公众在轻松、活泼、有趣的阅读中了解经济学的真谛。

总之,我认为,只要给自己定位准确,经济学家就是有用的。

如何学习经济学?

许多人都很想学点经济学,但一看到满篇的数学方程式和图形,脑袋就大了,实在读不下去,也读不懂。还有不少人认为,现代经济学运用了数学,没有数学功底就没法学经济学,其实这也是一种误解。

现代经济学的确运用了数学工具,有些还相当高深,但经济学绝不等于数学。经济学是对人类社会经济行为与经济规律的认识,它来自活生生的现实生活,我们每个人也都在自觉或不自觉地运用经济学的道理。用一句话来说,经济学就在你身边。经济学家用抽象的推理、图形和数学工具来表述和论述经济学道理是理论化本身的需要,也有助于使对世界的认识更深入、更准确。如果你立志做一个专业经济学家,抽象思维的能力和数学工具是必不可少的。但如果你仅仅只想了解经济学道理,完全可以不需要数学工具。经济学道理既可以用高深的数学工具进行表述,也可以用通俗、生动的语言来表述。所以,完全不用把经济学神秘化。

学习经济学当然要了解一点基本概念与理论,因此,学习经济学最好从系统地读一本教科书开始。教科书是一门科学全面、系统的总结与概述,从读教科书开始学一门科学是一条捷径。经济学的教科书非常多,一般读者只要选一本就可以。我写过《经济学是什么》,这是一本最简单的教科书。全书没有一个数学公式,也没有一张图,全部用文字表述。全书虽然只有15万字,但较全面、系统地介绍了当代经济学的基本知识。这本书的发行量在10万册以上。如果还想对经济学有更多了解,可以读美国经济学家曼昆的《经济学原理》。这本书畅销全球,写得通俗、生动又有趣。

读经济学教科书是入门,但仅仅读教科书,对许多道理还不能理解得很深刻,因此还可以读一些其他的书。经济学家写的普及经济学的著作,中外都有很好的。这些书一般是用通俗的事例解释经济学道理。这类书不是系统的经济学教科书,但围绕某些重要问题,讲得会更深刻,或者更容易理解。类似的书市场上有不少,如美国经济学家贝克尔的《生活中的经济学》等。这方面,我自己也作了一些尝试,如最近出版的《寓言中的经济学》,我用古今中外65个寓言故事讲了65个经济学道理。乍看起来,产生于远古、流传于民间的寓言和产生于近代、讲授于课堂上的经济学,并没有什么相通之处。一个是下里巴人,一个是阳春白雪;一个具体生动,一个严肃抽象。但我在夜深人静读寓言和经济学时,总感到它们是相通的,在不同表述方式的背后都体现了相同的道理。寓言讲的是动物或人,反映的是人性以及做人的道理。经济学用的是逻辑推理和数学工具,分析的是人类行为。无论在寓言中,还是经济学中,人性是共同的,做人或做事的道理也是相同的。寓言用原始质朴的方式表现了当代经济学中的许多深奥道理,经济学用现代精致的方式再现了寓言中的许多简单道理。我希望用大家喜闻乐见的寓言故事介绍一些基本经济思想,分析各种现实问题,能引起更多人学习经济学的兴趣,也使人们能更容易地接近、感悟和接受经济学。

近年来,很多经济学家在许多报刊上都开辟了专栏,用经济学道理点评各种经济事件,或大或小,或重要或不重要。许多专栏文风也清新、风趣,值得一读。读这些文章不仅可以增加自己的经济学知识,而且可以学习如何运用经济学来分析现实问题,这对提高自己的分析能力颇有帮助。

经济学是一个大范围,包括了不同的分支,在有了经济学的基本知识后,读者可以根据自己的兴趣与需要,有重点地读。从事企业管理的可以读一点管理经济学,关心国家大事的可以读一点宏观经济学,有志于个人理财的可以读一点金融学的书,从事国际贸易的可以读一点国际经济学,等等。

当然,经济学不仅要读、要学,还要用。对大众来说,学的目的并不是从事这个专业,因此学的重点还是要学会像经济学一样思维,即用经济学的知识和方法来分析自己所遇到的各种问题,并解决这些问题。这就要边学、边思、边用,三者同时进行,你才会学得有趣,能学进去,并且学了以后有用。

从根本上说,学习经济学和学习其他科学一样,是为了提高自己的整体素质。也许在开始学习经济学时,你并不会感到它有多少用,起码不会立竿见影,学了就可以有效。但这个学习过程是一个逐渐提高自己整体素质的过程,有一天你一定会发现,自己分析问题的水平提高了,解决问题的能力也强了。有了这种素质,什么工作都能做好,对人生也更充满了希望,你人生的路会走得更好。这时,你会更深刻地理解萧伯纳的那句话:

经济学是一门使人生幸福的学问。

资料来源:梁小民教授 2005 年 1 月 12 日在北京西单图书大厦的讲演。

【案例思考】

1. 结合案例回答:经济学是什么?如何学好经济学?
2. 为什么说经济学是一门使人生幸福的学问?

【分析提示】

1.(1)经济学是关于"选择"的科学。即研究在资源有限的约束条件下,人们如何作出理性选择的一门科学,其核心问题就是如何将稀缺的资源进行有效的配置(结合案例材料举例说明)。

(2)对大众来说,学习经济学最好从系统地读一本教科书开始,同时读一些普及经济学的著作和专栏文章。在有了经济学的基本知识后,还可以根据自己的兴趣与需要,有重点地学一些涉及具体领域的专门知识。比如,从事企业管理的可以读一点管理经济学,关心国家大事的可以读一点宏观经济学,有志于个人理财的可以读一点金融学的书,从事国际贸易的可以读一点国际经济学,等等。当然,经济学不仅要读、要学,还要用。要学会像经济学一样思维,即用经济学的知识和方法来分析自己所遇到的各种问题,并解决这些问题。

2. 经济学作为一门古老而年轻的科学,蕴含着许多朴素而生动的哲理,一旦人们掌握并遵循了它所提供的那些规律和法则,不仅在经济活动中能使人受益不少,就是在现实生活中,甚至在对人生很多问题的看法上,也能给我们许多不同寻常的启迪和认识,从而更为理性地设计和践行人生与社会的目标。比如,经济学能让人学会选择,使你能以较小的代价获取较大的收益;经济学分析问题时常用的成本和收益分析法直观而简单,能教你学会把复杂的问题简单化。这正是萧伯纳把经济学称为"使人生幸福的学问"的道理所在。

案例 1-2
讯息替代定律

生活中有很多事情都需要排队,比如观世博。2010 年上海世博会几乎每个场馆都需要排队一两个小时,一些热门场馆,比如沙特馆甚至经常需要排队七八个小时。

现有一个问题:应不应该有人可以不排队而获得优先招待呢?我们愿意多付一点钱购买不用排队的权利,但没有这样的安排。另一方面,如果所有人要排队,那么来自外国的政要等人物,没有一个会参观。这样衡量,某些人物是应该优先处理的。

曾经在网上建议过如下的收费方法,读者甚众,一般赞同。这建议是入场费从 160 元减至 50 元,入场后冷热不同的场馆收不同的进馆费,由计算机计算,随时调整,务求把每馆的人龙减至近于零。可惜此法提出时,入场票已预售了 3 000 万张。

这次亲历世博之境,发现一个新的经济学的排队大难题。首先,众所周知,排队的时间值钱——在炎夏不用排值很多钱。排队的本身没有产出收入。这样看,排队是一种浪费,代表着我研究了多年的租值消散。这是说,轮候者愿意出较高甚至高很多的进馆费来换取不排队,但没有这个选择,可以不排队的租值于是消散了。

这就带来我想不出解决办法的难题。所有排队的人在同一天迟早总可以进馆,所以原则上他们可以被安排在不用增加收费的情况下,全部进馆而没有一个需要排队。这样说,因为我到过的展馆皆事前知道每天可以容纳多少个参观者(不到场不会知道这要点)。以中国馆为例,那里有一个重要项目是看大银幕影片。座位 700 个,片长 8 分钟,清场 1 分钟,进场 1 分钟,共 10 分钟。每天从开馆到闭馆 12 个小时不停地重复播出该影片,总人数约 5 万。这 5 万就是中国馆每天可容纳的人数了。台湾馆小很多,每天可容观众 4 000~4 500 人,也是个近于固定的人数。此量既知,估计排队前前后后的人数,达每天的总容量就不再容许排队了。

如下是难题。馆主知道每天可容纳 5 万人,排队先后加起来约 5 万会禁止再加进排队的人。所以原则上,馆主可以不加收费而安排所有5万人没有一个需要排队。只要讯息费用及跟来客洽商安排的费用是零,这安排不困难。但讯息与洽商费用存在,不增加入馆收费还有什么其他办法呢?这是说,人量限于每天5万,原则上不加价可以安排到不用排队之境。无奈讯息为祸,好些场馆要排队几个小时,导致庞大租值消散的浪费。增加或变动入馆的收费,是替代讯息费用为祸的方法。讯息与洽商费用存在,我想了一整天也想不出除了入馆之价变动还有什么有效的不排队而能使场馆常满的方法。

价格调整是讯息费用的替代!这理念是新的,可称为"讯息替代定律"。世博之游想到,乐也。1976年我发表《优质座位票价为何偏低了?》,异曲同工,指出优质座位票价偏低,于是先满,会减少进场后从劣座跳到优座的行为。这是说,优座票价偏低会减少监管费用。

资料来源:张五常. 新浪博客. 2010 - 07 - 27. http://zhangwuchang.blog.sohu.com/157094671.html.

【案例思考】

请你描述何谓"讯息替代定律"?在日常生活中,还有哪些现象可以对这个定律加以借鉴?

【分析提示】

(1)"讯息替代定律"是著名经济学家张五常教授于2010年参观上海世博会有感而总结得出的,其含义是说,价格调整是讯息费用的替代,而且是讯息费用唯一的替代品。在本案例中,由于讯息与洽商费用的存在,几乎每个场馆都需要排队,甚至一些热门场馆经常需要排队七八个小时,导致庞大租值消散的浪费。其实,通过降低入场费,而后根据入场后冷热不同的场馆收取不同的进馆费,由计算机计算,随时调整,很有可能会把每馆的人龙减至近于零。因而,增加或变动入馆的收费,是替代讯息费用有效的方法。

(2)比较热门的游乐场,如欢乐谷等,一般都是收取统一的入场费,入场之后大多数的游乐项目基本上都是免费的,往往导致那些热门项目的游玩需要排队很长时间。对于这种现象,我们不妨借鉴"讯息替代定律"来加以解决,即降低入场费,然后根据入场后冷热不同的游乐项目再收取不同的费用(所列举的例子,要求言之有理,能够自圆其说,并适度展开)。

第二章

市场供求分析

2.1 本章要点

1. 需求是指消费者在某一特定时期内,在每一价格水平上愿意并且能够购买的商品量,可分为个人需求和市场需求。商品本身价格是影响需求的最主要因素。此外,相关商品价格、收入水平、消费偏好、未来预期和政府政策等因素变动,也会引起需求不同方向和不同程度的变动。商品本身价格变化所引起的需求量的变化称为需求量的变动,在需求曲线上表现为"沿曲线上的点移动"(点移动)。非价格因素变动引起的需求的变化称为需求的变动,表现为整个需求曲线的位移(线移动)。

2. 需求定理反映了商品的需求量与价格之间成反方向变动的关系。即需求量随着商品本身价格的上升而减少,随着商品本身价格的下降而增加。需求定理在平面坐标图上表现为需求曲线向右下方倾斜,是替代效应和收入效应共同作用的结果。

3. 供给是指企业在一定时期内,在每一价格水平上愿意而且能够提供的商品量,可分为个别供给和市场供给。商品本身价格也是影响供给的最主要因素。此外,相关商品价格、生产要素的价格、生产技术的变动、企业的目标、政府政策和企业预期等因素变动,也会引起供给不同方向和不同程度的变动。商品本身价格变化所引起的供给量的变化称为供给量的变动,在供给曲线上表现为"沿曲线上的点移动"(点移动)。非价格因素变动引起的供给的变化称为供给的变动,表现为整个供给曲线的位移(线移动)。

4. 供给定理是指商品的供给量与价格之间成同方向变动的关系。即供给量随着商品本身价格的上升而增加,随着商品本身价格的下降而减少。供给定理在平面坐标图上表现为供给曲线向右上方倾斜。

5. 需求曲线和供给曲线相交,决定了均衡价格和均衡产量。在均衡点上,市场上的供求关系达到了平衡。均衡价格的形成过程,是通过市场上供求双方的竞争过程自发地形成的。

6. 影响供求的因素变动,不仅会引起供求曲线的移动,同时还会引起均衡价格和均衡产量的变动。供求定理是指,需求的变动引起均衡价格和均衡产量同方向变动;供给的变动引起均衡价格反方向变动,而引起均衡产量同方向变动。

7. 在市场经济中,经济的运行是由价格这只"看不见的手"所调节的。在这个过程中,价格机制具有作为指示器反映市场的供求状况、调节消费者的需求和企业的供给,以及合理配置资源等作用。

8. 为了纠正价格调节经济过程中所存在的盲目性,稳定某些产品的供求,政府通常会采取一定的价格管制政策。限制价格(最高限价),是指政府对某种商品制定的低于均衡价格的最高市场价格。支持价格(最低限价),是指政府对某种产品制定的高于均衡价格的最低市场价格。

9. 政府不管是向作为买者的消费者征税,还是向作为卖者的企业征税,它们都会使消费者支付的价格上升,企业得到的价格下降,并且无论如何收税,买卖双方都要分摊税收。税赋分摊比例的大小,取决于需求和供给相对于价格变动反应敏感程度的对比(即需求和供给的相对弹性)。税收负担通常更多地落在敏感程度相对不够,即弹性相对缺乏的市场一方。

2.2 习题与解答

一、名词解释

1. 需求:是指消费者在某一特定时期内,在每一价格水平上愿意并且能够购买的商品量。

2. 需求定理:是指在其他条件不变的情况下,某商品的需求量与价格之间成反方向变动。即需求量随着商品本身价格的上升而减少,随着商品本身价格的下降而增加。

3. 供给:是指企业在一定时期内,在每一价格水平上愿意而且能够提供的商品量。

4. 供给定理:是指在其他条件不变的情况下,某商品的供给量与价格之间成同方向变动。即供给量随着商品本身价格的上升而增加,随着商品本身价格的下降而减少。

5. 价格管制：是指由于外部力量强制干预市场，制定一个与市场均衡价格不等的价格，从而造成市场的需求和供给不再相等。

6. 最低限价：又称支持价格，是指政府对某种产品制定的高于均衡价格的最低市场价格。

7. 最高限价：又称限制价格，是指政府对某种商品制定的低于均衡价格的最高市场价格。

二、单项选择题

1. 在得出某种商品的需求曲线时，下列因素除（　　）外均保持常数。
   A. 个人收入　　　　　　　　　B. 其他商品价格
   C. 个人偏好　　　　　　　　　D. 所考虑商品的价格

2. 保持其他因素不变，某商品价格下降将导致（　　）。
   A. 需求增加　　　　　　　　　B. 需求减少
   C. 需求量增加　　　　　　　　D. 需求量减少

3. 消费者预期某商品未来价格上涨，则对该商品的当前需求会（　　）。
   A. 减少　　　　　　　　　　　B. 增加
   C. 不变　　　　　　　　　　　D. 上述情况都有可能

4. 商品 X、Y 是替代品，如果 X 的价格下降将导致（　　）。
   A. X 的需求曲线向右移动　　　B. X 的需求曲线向左移动
   C. Y 的需求曲线向右移动　　　D. Y 的需求曲线向左移动

5. 需求不变，供给变动会导致（　　）。
   A. 均衡价格和均衡交易量按相同方向变动
   B. 均衡价格按相反方向变动，均衡交易量按相同方向变动
   C. 均衡价格按相同方向变动，均衡交易量按相反方向变动
   D. 均衡价格的变动要视供求双方增减的程度的大小而定

6. 供给的变动是指（　　）。
   A. 非价格因素发生变化而导致供给曲线的位移
   B. 供给量的变动
   C. 价格变化引起供给曲线上点的移动
   D. 价格水平的变动

7. 供给曲线是一条（　　）。
   A. 水平线　　　　　　　　　　B. 向左上方倾斜的曲线
   C. 向右上方倾斜的曲线　　　　D. 向右下方倾斜的曲线

8. 如果供给不变、需求增加，则（　　）。
   A. 均衡价格和交易量都会提高
   B. 均衡价格和交易量都会下降
   C. 均衡价格会提高，交易量会下降
   D. 均衡价格会下降，交易量会提高
9. 构成市场的两个基本因素是（　　）。
   A. 竞争与协作　　　　　　　B. 供求和价格
   C. 国家和企业　　　　　　　D. 需求和供给
10. 政府规定最高限价会导致（　　）。
    A. 过分旺盛的需求得到遏制　B. 供给不足现象消失
    C. 供过于求现象　　　　　　D. 供不应求现象

参考答案：1.（D）　2.（C）　3.（B）　4.（D）　5.（B）　6.（A）　7.（C）　8.（A）　9.（D）　10.（D）

三、多项选择题

1. 西红柿需求的变化可能是由于（　　）。
   A. 西红柿涨价了　　　　　　B. 消费者得知西红柿有益健康
   C. 消费者预期西红柿将降价　D. 种植西红柿的技术有了改进
   E. 生产者预期西红柿将涨价
2. 商品X、Y为互补品，则当商品Y的价格上升时（　　）。
   A. Y的需求量会减少　　　　B. Y的需求量会增加
   C. X的需求量会减少　　　　D. X的需求量会增加
   E. X的需求量不会变化
3. 如果需求保持不变，而供给由于某些因素影响减少，则（　　）。
   A. 新的均衡价格会上升　　　B. 新的均衡价格会下降
   C. 新的均衡产量会增加　　　D. 新的均衡产量会减少
   E. 在市场上不会形成新的均衡
4. 当由于某种原因市场上存在超额供给时，会出现的情况是（　　）。
   A. 由于商品过多导致商品价格下降
   B. 如果商品质量好的话，价格就不会下降
   C. 如果价格不下降，就会有部分商品卖不出去
   D. 就算价格不下降，也不会影响商品销售，只是需要的时间久一些
   E. 政府如果规定的价格高于均衡价格，可以采取收购市场上消化不掉的商品的手段保证生产者利益

5. 下列说法中,正确的有( )。
   A. 需求和供给是构成市场的基本要素,两者缺一不可
   B. 商品的自身价格是影响需求和供给的最基本因素
   C. 一般来说,市场总会通过价格机制的调节形成均衡
   D. 市场均衡一旦形成,就不会变动了
   E. 市场千变万化,不过总是由一个均衡变向另一个均衡

参考答案:1.(B,C) 2.(A,C) 3.(A,D) 4.(A,C,E) 5.(A,B,C,E)

四、判断改错题

1. 一般情况下,商品的价格与供给量之间是一种反向关系。(×)

   改为:一般情况下,商品的价格与供给量之间是一种正向关系。

2. 需求定理告诉我们:商品的价格上升,需求量也会上升。(×)

   改为:需求定理告诉我们:在其他条件不变的情况下,商品的需求量一般会随着商品本身价格的上升而减少。

3. 收入效应是指消费者收入变化引起商品的价格变化和需求量变化。(×)

   改为:收入效应是指价格变化导致消费者实际收入的变化,从而引起需求量的变化。

4. 总的来说,区分需求的变动和需求量的变动,就是看商品本身的价格变化与否。(√)

5. 在需求不变的情况下,供给的增加将导致均衡价格和均衡产量都上升。(×)

   改为:在需求不变的情况下,供给的增加将导致均衡价格下降,而引起均衡产量增加。

6. 在市场上,如果没有政府的调控,均衡就不会实现。(×)

   改为:在市场中,均衡是一种趋势,是由市场自发调节的结果。

7. 当某商品的替代品价格上升时,人们就会减少对这种商品的消费。(×)

   改为:当某商品的替代品价格上升时,人们就会增加对这种商品的消费。

8. 政府向买者征税就肯定由买者独立承担,向卖者征税同样也就肯定由卖者独立承担。(×)

   改为:政府不管是向买者征税,还是向卖者征税,买卖双方都要分摊税收。

9. 当供给不变、需求增加时,均衡价格会上升,但均衡产量不会变,因为供给没有变。(×)

   改为:当供给不变、需求增加时,均衡价格会上升,均衡产量也会增加。

10. 我们通常所说的"看不见的手"指的就是价格机制。(√)

五、简答题

1. 为什么需求曲线会向右下方倾斜?

答：需求曲线向右下方倾斜是因为在其他条件不变的前提下，需求量与价格呈现反方向变动关系。这种反方向变动关系，通常被解释为商品本身价格变动所带来的替代效应和收入效应共同作用的结果。

2. 请解释需求量变动和需求变动之间的区别。

答：在其他条件不变的情况下，商品本身价格变化所引起的需求量的变化称为需求量的变动，在需求曲线上表现为"沿曲线上的点移动"（点移动）；需求的变动，则是指非价格因素变动引起的需求的变化，表现为整个需求曲线的位移（线移动）。

3. 画图说明均衡价格的决定。

答：在完全竞争条件下，均衡价格的形成过程即是价格决定的过程，它是通过市场上供求双方的竞争过程自发地形成的。如图 2-1 所示，某一商品的初始价格为 P_1，在这一价格水平上市场需求量为 P_1F，而供给量为 P_1G，存在超额供给 FG（供过于求）。这时候企业之间就会产生激烈的竞争，结果使价格逐渐下降，供给量

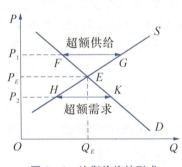

图 2-1 均衡价格的形成

逐渐减少，而需求量逐渐增加。这个过程一直进行下去，直到价格下降到 P_E 时，需求量和供给量相等（均为 Q_E），市场达到平衡。相反，如果初始价格为 P_2，在这一价格水平上，市场需求量为 P_2K，而供给量为 P_2H，存在超额需求（供不应求）。这时候消费者之间就会有一部分人买不到自己需求的商品，于是就会出高价购买，导致产品价格上升，这就刺激了企业扩大生产，供给量上升。直到价格上升到 P_E 时，需求量和供给量相等（均为 Q_E），市场又达到平衡。所以，在需求量和供给量相等的价格水平上，市场才达到了均衡。此时，价格既没有上升也没有下降的趋势，此价格即为均衡价格。

4. 什么是供求定理？并请回答：教师是一个伟大的职业，担负着教书育人的重任，而 NBA 的球星也是众人瞩目的焦点。两种职业都有其特殊的意义，那为什么后者的收入远大于前者？

答：(1) 需求的变动引起均衡价格和均衡产量同方向变动，供给的变动引起均衡价格反方向变动，而引起均衡产量同方向变动，这就是供求定理。它主要包含两个方面的含义：第一，价格是由供求两方面的因素决定的；第二，价格对供求有调节的作用，调节的结果是实际上不均衡的供求关系趋于平衡。

(2) 教师的供给量和需求量都很大,市场均衡的结果是数量较大,而价格较低。而在 NBA 球员市场上,出色球星的供给相对于需求要少得多,因此均衡价格高得多。

5. 价格机制调节经济的功能或作用主要表现在哪些方面?

答: 价格机制调节经济的功能主要表现在以下三个方面:

(1) 作为指示器反映市场的供求状况。某种商品的价格上升,就表示这种商品的需求大于供给;反之,这种商品的价格下降,就表示它的需求小于供给。

(2) 调节消费者的需求和企业的供给。消费者会按照价格的变动来调节需求,增加对价格下降商品的购买,而减少对价格上升商品的购买。同样,企业会按照价格的变动来调节供给,增加对价格上升商品的生产,而减少对价格下降商品的生产。

(3) 合理配置资源的功能。价格变动的引导,使得社会资源在各种用途之间有序流动和合理配置,从而充分实现资源的价值与用途。

6. 在许多城市,公共汽车和地铁都十分拥挤。有人主张通过提高票价缓和供求矛盾,有人不以为然。你看呢?

答: 由于公共交通是大众工作和生活的基本需要,所以即使提高票价也不能减少很多乘客,难以从根本上缓解公共交通的拥挤状况。因此,增加公共汽车、地铁的线路和班次,改革公共交通的管理体制,提高公共交通的有效供给,是缓解供求矛盾的更加合理而可行的方法。

六、计算题

1. 某商品的市场需求曲线为 $Q_d = 200 - 30P$,供给曲线为 $Q_s = 100 + 20P$,求均衡价格和均衡产量。如政府实行限价,$P = 1$ 时会出现什么情况?$P = 3$ 时又会出现什么情况?

解: 依题意,得

$$\begin{cases} Q_d = 200 - 30P \\ Q_s = 100 + 20P \\ Q_d = Q_s \end{cases}$$

解之,得 $\begin{cases} P = 2 \\ Q_d = Q_s = 140 \end{cases}$

当 $P = 1$ 时,$Q_d = 200 - 30 \times 1 = 170$,$Q_s = 100 + 20 \times 1 = 120$,$Q_d > Q_s$,会出现商品供不应求的现象。

当 $P = 3$ 时,$Q_d = 200 - 30 \times 3 = 110$,$Q_s = 100 + 20 \times 3 = 160$,$Q_d < Q_s$,会出现商品供过于求的现象。

2. 某商品的需求曲线为 $Q_d = 10 - 2P$，供给曲线为 $Q_s = 0.5P$。其中，Q_d、Q_s 均以万米为单位，P 以元/米为单位。

（1）求该商品的均衡价格和均衡销售量。

（2）如果政府规定该商品的最高价格为 3 元/米，市场的供求关系会发生什么变化？

（3）如果政府对生产该商品的企业直接征税，税额为每米 2 元，征税后均衡价格应是多少？

解：（1）依题意，得

$$\begin{cases} Q_d = 10 - 2P \\ Q_s = 0.5P \\ Q_d = Q_s \end{cases}$$

解之，得 $\begin{cases} P = 4(元/米) \\ Q_d = Q_s = 2(万米) \end{cases}$

（2）如果政府规定该商品的最高价格为 3 元/米，则该商品的供给将减少到 $Q_s = 0.5 \times 3 = 1.5$（万米），同时该商品的需求将增加到 $Q_d = 10 - 2 \times 3 = 4$（万米），市场会出现商品供不应求的现象。

（3）如政府对生产该商品的企业直接征税，税额为每米 2 元，则会使该商品的供给曲线变为 $Q_s = 0.5(P-2)$，但不会改变该商品的需求曲线。联立需求曲线方程 $Q_d = 10 - 2P$ 和供给曲线方程 $Q_s = 0.5(P-2)$，可得 $P = 4.4$（元/米），$Q_d = Q_s = 1.2$（万米）。

2.3 案例分析

案例 2-1　海尔洗衣机为何能全球销量第一

2009 年 12 月 1 日，世界著名的消费市场研究机构 Euromonitor（欧洲透视）公布了 2009 年全球洗衣机行业最新市场调研数据：海尔洗衣机以全球品牌销售量份额 8.4%，并领先第二名 1.5 个百分点，跃居全球第一。2010 年 1 月 16 日，国务院发展研究中心市场经济研究所特意举办了"世界品牌成功之路——海尔洗衣机全球销量第一的启示"研讨会,专家学者们结合海尔洗衣机全球销量第一的案例,以"中国企业如何建立全球品牌、构建全球化市场"为主题进行了多方深入研讨。

产品即品牌

"在当前的全球市场,到底是品牌主导还是产品主导?"成为研讨会的一个热点话题。中国质量协会用户委员会部长樊天顺在谈到这个话题的时候表示:"产品即品牌,没有好的产品再庞大的品牌也是空中楼阁。"樊天顺以海尔"头发丝事件"举例:10年前,一批海尔洗衣机出厂前,一位检测员在开箱检验时,发现一台洗衣机筒盖上有根头发丝,随之他们立即对整批机器都进行了开箱检验。一场以"质量高品质"为主题的大讨论,在海尔进行了一个月,其声势如同当年张瑞敏砸毁76台有缺陷的冰箱。"这些行为监督的是产品质量,而塑造的却是品牌口碑。"樊天顺如此总结产品与品牌的关系。

创新产品走向全球

海尔洗衣机获得全球销量第一与产品不断创新、迎合消费者需求不无关系。中国消费者协会副秘书长武高汉表示:"在海尔洗衣机全球第一这个案例中,我体会最深的是以产品创新来迎合消费者需求:从改变洗衣机动力的双动力方式,到健康、环保的不用洗衣粉洗衣机;从衣干即停,到洗净即停。再比如,海尔洗衣机创新的S-e复式平衡环技术,又再次推动了全球洗衣机行业迈上一个崭新的台阶,也让海尔洗衣机赢得了消费者的尊重。"

成套、变频家电成流行趋势

在国外,成套家电购买模式早已成为一种潮流。而在当下低碳生活的绿色风向指引下,高效节能的变频产品也为消费者所推崇。

海尔也顺应这一消费潮流,在行业内率先推出成套购买方案。同时,海尔集团很早就已涉足变频领域,从最初的变频技术在单一产品上的使用到今天成套变频家电的普遍推广……海尔变频系列家电真正具备噪声小、用电少、效果好、寿命长等优势。

"成套"和"变频"系列家电从购买舒适度、产品的长期实惠性上,都能全方位满足现代消费者的理性需求。

资料来源:根据2010年1月21日出版的《中国产经新闻报》和2010年1月22日出版的《成都商报》的相关报道整理而成。

【案例思考】

1. 试从满足消费者偏好的角度分析海尔洗衣机何以全球销量第一?
2. 从本案例中,你还得到了什么启发?

【分析提示】

1. 在其他变量保持不变的情况下,消费者对一种商品或服务的偏好增加,会提升市场上此类商品或服务的需求。同时,人们的爱好和选择不是固定不变的,企业需要时刻关注这种变化,并及时根据这种变化来改进老产品、开发新产品,只有这样才能经常保持人们对产品的高需求。多年来,海尔一直坚持以持续不断的产品创新来迎合消费者需求:从改变洗衣机动力的双动力方式到健康、环保的不用洗衣粉洗衣机,从衣干即停到洗净即停,从顺应"成套"和"变频"的消费潮流到创新的 S-e 复式平衡环技术,使消费者充分享受洗衣方式给生活方式带来的品质提升,让海尔洗衣机赢得了消费者的尊重和忠诚,也成就了"海尔洗衣机全球销量第一"。

2. 本题可以从"产品即品牌"(没有好的产品再庞大的品牌也是空中楼阁)、"卖产品即是卖服务"(服务不仅仅是维修等售后服务,也包括满足用户各种需求的服务)、"走出去、走进去、走上去"的国际化市场战略(先难后易的推进策略和高端品牌形象的定位),以及对环保节能趋势的敏锐判断和技术研发等方面加以论述。(不限于此,各抒己见,言之有理、能够自圆其说均可。)

案例 2-2　　猪肉价格为什么大涨

2007年4月中旬起,全国猪肉价格一路飙升,从每500克8元直到13元甚至更贵,有些城市的猪肉价格已经超过了历史最高水平。为此,广州上演了对特价猪肉的"抢夺大战"——队伍排出1 000多米,1吨鲜肉在40分钟内被瓜分完毕。北京市华润、万家等超市的低价促销,同样引来民众的疯狂购买。猪肉价格上涨在很大程度上影响到普通百姓的日常生活,也引起了政府决策层的关注。

业内人士分析,这次猪肉价格快速上涨的背后是多种原因的长期作用。其中,最重要的有三:一是生猪价格周期性波动影响。2006年上半年,生猪市场价格持续低迷,5月份生猪价格跌入最低谷,为5.96元/千克,养猪业处于亏损状态,使得一些地区农户的生猪饲养有所减少;下半年价格逐步回升,生产开始恢复,但由于繁殖饲养周期约需一年时间,此时的生猪价格仍处于运行周期的上升期。这次价格波动是上一年以来周期波动的反映。二是养殖成本增加。2006年底开始,作为主要饲料原料的玉米价格持续攀升,到2007年5月份已达到每千克1.55元,比上年同期上涨16%左右,为10年来的历史高位。据调查,出栏一头肥猪,仅饲料成本就比上年同期增加40~50元。三是市场需求拉动。随着城乡居民收入的不断增长,国内猪肉消费呈增长趋势。据有关部门统计,2007年1—4月,农村居民猪肉消费同比增长15.1%,仅北京市猪肉消费同比就增长了10%。

资料来源:根据2007年5月24日出版的《北京日报》和2007年5月31日出版的《南方周末》的相关报道整理而成。

【案例思考】

1. 运用管理经济学的相关知识分析猪肉价格为什么会大幅上涨?
2. 你认为政府应该采取哪些措施来平抑猪肉的价格?

【分析提示】

1. 根据供求定理可知,价格是由供、求两方面的因素决定的,需求的变动会引起均衡价格同方向变动,供给的变动会引起均衡价格反方向变动。本案例中,一方面由于生猪价格周期性波动、养殖成本增加等因素的影响导致生猪供给大量减少,直接推动了猪肉价格的急剧上升;另一方面,随着城乡居民收入的不断增长,国内猪肉需求呈增长趋势,也在一定程度上助推了猪肉价格的上涨。在供、需两种力量的叠加和共同推动下,猪肉价格当然会一路飙升了。

2. 政府可以通过增加猪肉供给的办法来平抑不断上涨的猪肉价格,这些措施包括:① 在适当时候紧急动用"猪肉储备";② 进一步加大生产扶持力度,提高良种化水平,加快推进健康养殖和适用饲养技术,推动节本增效,大力发展规模化、标准化生产,推进产业化经营,增强畜牧业生产应对市场波动的能力;③ 以生猪主产区和主销区为重点,加强信息发布和预警分析,充分发挥信息对生猪产销的引导作用,特别是要指导养殖户合理安排生产,适度扩大养殖规模,规避市场风险;④ 严格控制玉米深加工盲目发展,确保国内市场饲料供应。

案例 2-3
限购一年,京城楼市量价齐跌

2011年2月16日,北京市公布了房地产调控"京版十五条",暂停向已有2套及以上住房的京籍居民家庭、无连续5年(含)以上纳税或社保证明的非京籍居民家庭售房;金融机构和住房公积金管理中心对第二套住房贷款,首付比例要不低于60%,贷款利率不低于基准利率的1.1倍。从2011年2月16日,到2012年2月15日,这一被称作史上最严厉的限购政策走过了整整一年的历程,它给京城的楼市带来了一系列新的变化。

投资投机几乎绝迹

从2011年2月起到2012年1月,北京市几乎每个月成交的新建普通住宅中,居民家庭首次购房占比都在90%左右,最低为88%,整年算下来,首套购房占比家庭超过了九成。来自多家中介机构的数据显示,京籍个人购房者占比为87.2%,相比新政实施前的一年上涨25.1%,外地个人购房者占比锐减25.7%,降至11.2%。限购一年期间,非京籍购房者购房仅6 500套,比前一年的3.22万套,大幅下降83.9%。

中原地产研究总监张大伟认为,北京市的限购、限贷等调控政策,使得购房的主流回归到自住,市场将以首次置业者为主,投资投机性购房已得到抑制。而在"京十五条"颁布前,业内对北京市场的投资和自住性住房有一个"三七开"的判断。

房地产市场数月"量价齐跌"

按照北京市2010年的新建普通住房的成交均价为每平方米14 847元这一标准衡量,2011年每月成交价格均有所回落,一直到全年新建普通住房成交均价最终统计数据为每平方米13 173元,比2010年的价格下降了11.3%。

在成交价下跌的同时,成交量也在减少。根据北京市房地产交易管理网统计数据显示,截至2012年2月15日,限购一年内市场住宅总成交量为18.1775万套,同比之前一年的成交量下调幅度达到了42.2%。其中,新建住宅成交量为8.4114万套,同比限购之前一年,下调幅度达到了21.4%。二手房住宅成交量仅为9.7661万套,同比限购之前一年下调幅度达到52.9%。

保障房将继续影响供应市场

2011年,北京市新开工、收购了23万套保障房,保障房在新建普通住宅市场的成交占比由2010年的21%上涨到36%,2012年又再继续开工、收购超过16万套的保障房。北京房协秘书长陈志说,随着建设周期的逐步推进,这些房源将逐步走向市场,给北京的房地产业再打上一针"镇静剂"。

陈志说,"京十五条"实行一年来,北京房地产结构发生了很大的变化,从供应层面看,保障房成交量占市场总成交量的比例大幅提高,从市场成交看,中小户型、新建普通商品房占比最高,满足的就是刚性需求。

"房地产宏观调控要求驱除投资投机性需求,遏制房价过快上涨,从贷款、利率、限购这些政策执行来看,可以说取得了很好的效果。"陈志说。

资料来源:根据2012年2月16日出版的《北京日报》和《京华时报》的相关报道整理而成。

【案例思考】

1. 试从供求角度分析京城楼市何以出现"量价齐跌"的现象?
2. 在房地产领域应该如何来正确把握和处理政府与市场的关系?请谈谈你的看法。

【分析提示】

1. 根据供求定理可知,需求的变动引起均衡价格和均衡产量同方向变动,供给的变动引起均衡价格反方向变动,而引起均衡产量同方向变动。本案例中,一方面,北京市针对商品住宅市场的限购、限贷等一系列调控"重拳"连续出击,使得购房的主流回归到自住,市场将以首次置业者为主,楼市的投资投机性需求得到有效抑制,从而直接导致了京城房地产市场成交价和成交量的双双下跌;另一方面,作为楼市调控一揽子政策的重要一项,北京同时采取了有效措施增加保障房的供给,调节和优化供需结构,这无疑又直接或间接地促使了房价的进一步下调和合理回归。在供需两种力量的叠加和共同推动下,再加上供需双方对未来房价心理预期的调整与变化等因素的作用和影响,京城楼市出现"量价齐跌"也就水到渠成了。

2. 住房具有商品和民生的双重属性,其价格的调控与均衡是一个涉及面比较广的复杂问题,直接关系到经济的发展和社会的稳定。房地产发展要充分发挥市场机制的决定性作用,只有这样才能合理配置资源,提高效益,但是,为了促进公平和稳定,政府调控也不能放松,要把市场机制和宏观调控有机结合起来。保障性住房和商品房建设两者不可偏废,政府要从建立住房保障体系入手,来修正市场机制的失灵,把市场对低收入群体的排斥,通过住房保障体系来进行补位,不一定人人都拥有自己的房子,但人人都要有住处,以解决包括低收入群体在内的所有老百姓的安居问题,最大限度实现"低端有保障,中端有支持,高端有市场"的合理组合。

案例 2-4　农产品的价格保护

自 20 世纪 30 年代以来,美国联邦政府一直致力于稳定谷物、棉花、大米、糖、羊毛、花生和其他农产品的价格,为此设立了一些非常复杂的程序,成为农场法案的一部分。但随着时间的推移,这一做法遭到了来自农业州的国会议员和他们的政治说客的不满,被迫进行修订,以保证通过实施上述程序,农民最后可以享受的平均价格实际上稍高于市场平均价格。然而,这种做法引起了供给和政府农作物储备的过剩。以 1987 年为例,美国联邦政府拥有 41 亿蒲式耳谷物、13.3 亿蒲式耳麦子和 48 亿包棉花,分别相当于当年产量的 57%、63% 和 33%。

每过 5 年左右,农场法案就会进行一次比较大的修订。1990 年 11 月,布什总统签署了一个新的农场法案,其目的之一就是降低价格下限,逐步减少储备,使价格向市场均衡价格移动。

资料来源:赵英军主编.西方经济学习题集.机械工业出版社,2006.

【案例思考】

1. 政府对市场干预的形式有哪些?
2. 本案例中,政府为什么会制定最低限价政策?
3. 政府的最低限价政策会直接导致哪些后果?政府可采取哪些办法解决这些问题?

【分析提示】

1. 政府对市场干预的形式有许多,主要包括:① 固定商品的价格,使其高于或低于自由市场的均衡价格;② 对各种商品的生产(销售)征税或补贴;③ 直接生产商品或服务;④ 管制,通过各种法律和规章,管制企业的行为。
2. 本案例中,政府之所以对农产品实施高于市场均衡价格的价格即最低限价,其最主要的原因是农业属于供给受不确定因素波动比较剧烈的行业之一。因

此,为了扶持农业生产,保护农业生产者的收入,贮存一定数量的农产品以防止将来出现的短缺,各国政府对农产品都实施保护价格。

3. 政府的最低限价会直接带来产品的过剩。政府可通过两种办法解决产品的过剩问题,即:一是增加需求,如本案例中提到的政府收购,也可以鼓励农产品出口等;二是控制供给,如限额生产。

第三章

需求弹性分析

3.1 本章要点

1. 需求弹性说明了需求对某种因素变动反应的敏感程度,一般用需求的弹性系数来表示它的大小。在实际运用中,需求弹性有两种:一种为点弹性,即计算需求曲线上某一点的弹性;另一种为弧弹性,即计算需求曲线上两点之间的平均弹性。

2. 需求价格弹性是指价格变动所引起的需求量变动的比率,即需求量变动对价格变动反应的敏感程度,它的大小受到商品的生活必需性、商品的可替代性、商品消费支出在消费者预算中所占的比重、时间等因素的综合影响。需求价格弹性系数通常为负值。根据其弹性系数绝对值的大小不同,需求价格弹性可分为富有弹性($|E_p|>1$)、缺乏弹性($|E_p|<1$)、单位弹性($|E_p|=1$)、完全无弹性($|E_P|=0$)和完全弹性($|E_P|=\infty$)五种类型。

3. 需求富有弹性的商品,其销售总收益与价格是反方向变动的。即提高价格,总收益下降;降低价格,总收益增加。需求缺乏弹性的商品,其销售总收益与价格是同方向变动的。即提高价格,总收益增加;降低价格,总收益下降。因此,在企业的定价决策中,对于富有弹性的商品应采用适当降价的价格策略,以使销售总收益增加;对于缺乏弹性的商品应采用适当提价的价格策略,以使销售总收益增加。

4. 需求收入弹性是指收入变动所引起的需求量变动的比率,即需求量变动对收入变动反应的敏感程度。根据其弹性系数大小的不同,可将商品区分为正常品($E_Y>0$)和低档品($E_Y<0$),而正常品中又可以区分出奢侈品($E_Y>1$)和必需品($0<E_Y<1$)。

5. 恩格尔定律是指食品支出在总支出中所占比重与家庭收入成反比,通常用恩格尔系数来表达恩格尔定律。恩格尔系数是衡量一国或一个家庭富裕程度与生活水平的重要标志。一般来说,恩格尔系数越大,富裕程度和生活水平越低;反之,恩格尔系数越小,富裕程度和生活水平越高。

6. 需求交叉弹性是指相关的两种商品中,一种商品的价格变动所引起的另一种商品的需求量变动的比率,即一种商品的需求量变动对另一种商品价格变动反应的敏感程度。根据需求交叉价格弹性系数值的大小不同,可将商品的相关性分为替代关系($E_{xy}>0$)和互补关系($E_{xy}<0$)。

7. 需求估计的方法分为直接估计法(包括市场调查法和市场实验法)和统计分析法。在实践中,要注意这两种方法的交叉配合,并避免落入"直线思维"的陷阱。

3.2 习题与解答

一、名词解释

1. 需求价格弹性:是指价格变动所引起的需求量变动的比率,即需求量变动对价格变动反应的敏感程度。

2. 需求收入弹性:是指收入变动所引起的需求量变动的比率,即需求量变动对收入变动反应的敏感程度。

3. 需求交叉弹性:是指相关的两种商品中,一种商品的价格变动所引起的另一种商品的需求量变动的比率,即一种商品的需求量变动对另一种商品价格变动反应的敏感程度。

4. 恩格尔定律:是指食品支出在总支出中所占比重与家庭收入成反比。

二、单项选择题

1. 若线性需求曲线 $Q=4-2P$,则当 $P=1$ 时,需求价格弹性(绝对值)为( )。
   A. 2   B. 1   C. 0.5   D. 0.25

2. 若一条直线型需求曲线与一条曲线型需求曲线相切,则在切点处两曲线的需求价格弹性( )。
   A. 相同   B. 不同
   C. 可能相同也可能不同   D. 由切点所在位置决定

3. 下列选项中,用来度量沿着需求曲线移动,而不是曲线本身移动的弹性是( )。

第三章 需求弹性分析

  A. 需求的价格弹性   B. 需求的收入弹性
  C. 需求的交叉价格弹性   D. 都有可能
4. 如果某商品是富有需求价格弹性的,则其价格上升(　　)。
  A. 会使销售总收益上升   B. 销售总收益不变
  C. 会使销售总收益下降   D. 销售总收益或升或降
5. 如果某商品的需求收入弹性小于0,则该商品是(　　)。
  A. 必需品   B. 奢侈品   C. 正常商品   D. 低档品
6. 如果人们收入水平提高,则食物支出在总支出中占的比重将(　　)。
  A. 大大增加   B. 稍有增加   C. 下降   D. 不变
7. 若X和Y两种商品交叉价格弹性为－2.3,则X与Y是(　　)。
  A. 替代品   B. 正常商品   C. 低档品   D. 互补品
8. 两种商品中,若当其中一种的价格变化时,这两种商品的购买量同时增加或减少,则二者的交叉价格弹性系数为(　　)。
  A. 负   B. 正   C. 0   D. 1
9. 下列商品中,需求价格弹性最小的是(　　)。
  A. 小汽车   B. 服装   C. 食盐   D. 化妆品
10. 若需求曲线为正双曲线,则商品价格的下降将引起买者在商品上的总花销(　　)。
  A. 增加   B. 减少   C. 不变   D. 上述均有可能

参考答案:1.(B) 2.(A) 3.(A) 4.(C) 5.(D) 6.(C) 7.(D) 8.(A) 9.(C) 10.(C)

三、多项选择题

1. 根据需求价格弹性系数绝对值的大小不同,商品的需求价格弹性可分为(　　)。
  A. 富有弹性   B. 缺乏弹性
  C. 单位弹性   D. 完全无弹性
  E. 完全弹性
2. 下列说法中,正确的有(　　)。
  A. 当需求价格弹性大于1时,商品销售总收益随价格上升而上升
  B. 当需求价格弹性大于1时,商品销售总收益随价格下降而上升
  C. 当需求价格弹性小于1时,商品销售总收益随价格上升而上升
  D. 当需求价格弹性小于1时,商品销售总收益随价格下降而下降
  E. 当需求价格弹性等于1时,商品销售总收益会随价格变动而变动,但不

能确定变动幅度

3. 若某商品的需求曲线是向右下方倾斜的直线,则我们可以断定(   )。
   A. 该商品具有不变的弹性
   B. 该商品的弹性不等于斜率,但等于斜率的倒数
   C. 价格较高的点弹性比价格较低的点弹性大(绝对值)
   D. 价格较高的点弹性比价格较低的点弹性小(绝对值)
   E. 在该需求曲线与坐标轴交点的线段上,中点处的需求价格弹性为1

4. 如果两种商品的交叉价格弹性为正值,则说明(   )。
   A. 这两种商品是替代品
   B. 这两种商品是互补品
   C. 当一种商品价格上升时,另一种商品需求量会下降
   D. 当一种商品价格下降时,另一种商品需求量会下降
   E. 如果一种商品的价格不变,一般不会对另一种商品的需求量造成影响

5. 根据需求收入弹性的大小,正常商品可以区分为(   )。
   A. 奢侈品   B. 低档品
   C. 必需品   D. 替代品
   E. 互补品

参考答案:1.(A,B,C,D,E) 2.(B,C,D) 3.(C,E) 4.(A,D,E)
5.(A,C)

四、判断改错题

1. 直线型需求曲线斜率不变,因此其需求价格弹性也不变。(×)

   改为:虽然直线型需求曲线斜率是不变的,但由于该曲线上各点坐标的不同,则在这条曲线上各点的需求价格弹性也是不同的。

2. 需求完全弹性是指商品价格变化对总收益没有影响。(×)

   改为:对于需求完全弹性的商品,在既定的价格水平上,它的需求量是无限的,一旦高于既定价格,则需求量立即变为零。

3. 若某商品的需求价格弹性为 -0.5,则当价格上升后,该商品的需求量会下降,销售总收益也会下降。(×)

   改为:若某商品的需求价格弹性为 -0.5,则当价格上升后,会引起该商品的需求量下降,并使得销售总收益增加。

4. 需求富有价格弹性的商品,其销售总收益与价格的变动方向一致,而需求量与价格的变动方向相反。(×)

   改为:需求富有价格弹性的商品,其需求量和销售总收益与价格是反方向变

第三章 需求弹性分析

动的。

5. 如果某种商品的需求收入弹性大于1,那么当收入增加时,这种商品的需求量反而下降。(×)

改为:如果某种商品的需求收入弹性大于1,那么其需求增长的百分比将大于收入增长的百分比。

6. 同样的商品,长期内的需求价格弹性比短期小。(×)

改为:同样的商品,长期内的需求价格弹性比短期大。

7. 如果两种商品的交叉弹性为负,说明这两种商品为互补品,即一种商品的价格下降,将导致另一种商品的需求量下降。(×)

改为:如果两种商品的交叉弹性为负,说明这两种商品为互补品,即一种商品的价格下降,将导致另一种商品的需求量增加。

8. 因为小麦等农产品一般为缺乏弹性的,所以会出现"增产不增收"的现象。(√)

9. 一般来说,恩格尔系数越大,表明一国或一个家庭的富裕程度和生活水平越高。(×)

改为:一般来说,恩格尔系数越大,表明一国或一个家庭的富裕程度和生活水平越低。

10. 我们研究需求估计的目的从根本上说是为了估计需求曲线。(√)

五、简答题

1. 需求价格弹性与销售总收益的关系如何?

答:需求富有弹性的商品,其销售总收益与价格是反方向变动的。即提高价格,总收益下降;降低价格,总收益增加。需求缺乏弹性的商品,其销售总收益与价格是同方向变动的。即提高价格,总收益增加;降低价格,总收益下降。另外,很明显,单位弹性($|E_p|=1$)的商品,其销售总收益不随价格变动而变动。

2. 如果考虑到提高生产者收入,那么对农产品和高档次家电应分别采取提价还是降价的策略?请说明理由。

答:如果要提高生产者收入,对农产品应采取适度提价的策略,对高档次家电则应采取适度降价的策略。这是因为农产品属于需求缺乏弹性的商品,其销售总收益与价格是同方向变动的,适度提高价格会使总收益增加;高档次家电属于需求富有弹性的商品,其销售总收益与价格是反方向变动的,适度降低价格会使总收益增加。

3. 为什么农民在丰收时收益反而会有可能降低?

答:这是因为农产品为生活必需品,需求价格弹性小,丰收可能使其价格降低,但是需求量却上升较小,总收益反而会下降。这样,就可能会出现增产不增收的丰收悖论。

4. 需求的收入弹性理论对于企业的经营决策有何启示？并举例说明。

答： 需求收入弹性是指价格变动所引起的需求量变动的比率，即需求量变动对价格变动反应的敏感程度。一般来说，粮食、蔬菜等生活必需品的收入弹性较小，珠宝、首饰等奢侈品的收入弹性大。企业的经营决策者在制定本企业经营策略时，要充分考虑需求的收入弹性。首先，在制定发展战略时，如果企业产品的收入弹性较大，则企业在经济繁荣时期可不断扩大再生产，而在经济萧条时期则应该缩减生产规模；如果企业产品的收入弹性较小，情况则正好相反。其次，在制定营销策略时，不同的收入弹性类型的产品应向不同的收入阶层进行广告宣传或其他方式的促销活动。再次，企业还可根据不同类型的收入弹性关系，实行产品多元化策略，以寻求收益和风险的合理组合。

同时，需要结合上述某个角度或方面举一例加以说明。

5. 需求的交叉弹性理论对于企业的经营决策有何启示？并举例说明。

答： 需求交叉弹性是指相关的两种商品中，一种商品的价格变动所引起的另一种商品的需求量变动的比率，即一种商品的需求量变动对另一种商品价格变动反应的敏感程度。需求交叉弹性对于企业制定正确的决策也是很有用的。如果企业同时生产多种产品，而且其中有替代品和互补品，那么，在制定价格时，就要考虑到替代品和互补品之间的相互影响。就某一种产品本身而论，提高价格可能对企业有利，但如果把它对相关产品的影响考虑进去，可能会导致企业总利润的减少。另外，如果替代品或互补品分别在不同的企业中生产，那么，交叉弹性可用来分析企业与企业之间产品相互的竞争或依赖关系。

同时，需要结合上述某个角度或方面举一例加以说明。

六、计算题

1. 某新型汽车的需求价格弹性 E_P 为 -1.2，需求的收入弹性 E_Y 为 3.0。试计算：

(1) 其他条件不变，价格提高 3% 对需求量的影响；

(2) 其他条件不变，收入增加 2% 对需求的影响；

(3) 如果今年的汽车销售量为 800 万辆，现假设明年价格提高 8%，收入增加 10%，请估计明年的汽车销售量。

解： (1) 由于 $E_P = \dfrac{\Delta Q/Q}{\Delta P/P}$，故 $\Delta Q/Q = E_P \cdot \Delta P/P = -1.2 \times 3\% = -3.6\%$。

即价格提高 3%，将导致需求量减少 3.6%。

(2) 由于 $E_Y = \dfrac{\Delta Q/Q}{\Delta Y/Y}$，故 $\Delta Q/Q = E_Y \cdot \Delta Y/Y = 3.0 \times 2\% = 6.0\%$。即收入增加 2%，将导致需求增加 6.0%。

(3) 价格提高对需求的影响与收入增加对需求的影响相互抵消后，剩余的部分就是价格和收入均发生变化后对需求的影响，为 $-1.2 \times 8\% + 3.0 \times 10\% = 20.4\%$。所以，两者均发生变化后使需求增加 $800 \times 20.4\% = 163.2$（万辆），故预计明年汽车销售量为 $800 + 163.2 = 963.2$（万辆）。

2. 某地区公共汽车票价从 1 元提高到 2 元后，2010 年 8 月的乘客为 880 万人次，与 2009 年同期比减少了 12%。求需求的弧价格弹性。

解：已知 $P_1 = 1, P_2 = 2, Q_2 = 880$，则

$$Q_1 = \frac{880}{1 - 12\%} = 1\,000$$

于是 $\quad E_P = \dfrac{Q_2 - Q_1}{P_2 - P_1} \cdot \dfrac{P_1 + P_2}{Q_1 + Q_2} = \dfrac{880 - 1\,000}{2 - 1} \times \dfrac{1 + 2}{1\,000 + 880} = -0.19$

3. 假设汽油的需求价格弹性为 -0.15，其价格现在为每加仑 1.20 美元。试问汽油价格上涨多少才能使其消费量减少 10%？

解：已知 $E_P = -0.15, P = 1.20$，假设汽油价格上涨 ΔP 才能使其消费量减少 10%，则由点弹性公式 $E_P = -0.15 = \dfrac{\Delta Q/Q}{\Delta P/P} = \dfrac{-10\%}{\Delta P/1.20}$，得 $\Delta P = 0.8$（美元）。

4. A 公司和 B 公司是机床行业的两个竞争者，这两家公司的主要产品的需求曲线分别为：公司 A：$P_x = 1\,000 - 5Q_x$；公司 B：$P_y = 1\,600 - 4Q_y$。这两家公司现在的销售量分别为 100 单位 x 和 250 单位 y。

(1) 求 x 和 y 当前的需求价格弹性。

(2) 假定 y 降价后，使 Q_y 增加到 300 单位，同时导致 x 的销售量 Q_x 下降到 75 单位。试问 A 公司的产品 x 的需求交叉价格弹性为多少？

(3) B 公司的目标是追求销售收入极大，你认为当前其产品降价在管理经济学角度考虑是否合理？

解：(1) 已知 $Q_x = 100, Q_y = 250$，则

$$P_x = 1\,000 - 5Q_x = 500, \quad P_y = 1\,600 - 4Q_y = 600$$

于是，x 和 y 的需求价格弹性分别为

$$E_{P_x} = \frac{\mathrm{d}Q_x}{\mathrm{d}P_x} \cdot \frac{P_x}{Q_x} = -\frac{1}{5} \times \frac{500}{100} = -1$$

$$E_{P_y} = \frac{dQ_y}{dP_y} \cdot \frac{P_y}{Q_y} = -\frac{1}{4} \times \frac{600}{250} = -\frac{3}{5}$$

(2) 已知 $Q'_y = 300$，$Q'_x = 75$，则

$$P'_y = 1\,600 - 4Q'_y = 1\,600 - 4 \times 300 = 400$$

$$\Delta Q_x = Q'_x - Q_x = 75 - 100 = -25, \quad \Delta P_y = P'_y - P_y = 400 - 600 = -200$$

于是，A 公司产品 x 对 B 公司产品 y 的需求交叉价格弹性为

$$E_{xy} = \frac{\Delta Q_x}{\Delta P_y} \cdot \frac{P_y + P'_y}{Q_x + Q'_x} = \frac{-25}{-200} \times \frac{600 + 400}{100 + 75} = \frac{5}{7}$$

(3) B 公司的产品 y 的需求缺乏弹性，降价将减少收入，是不合理的。

5. 一家企业对其产品进行需求预测，得到了其产品的市场需求曲线 $Q = 10 - 2P$。在价格 $P = 3$ 的基础上，如果该企业打算增加销售收入，那么，请根据弹性理论分析该企业应该提价还是降价。

解：应该降价。因为当价格 $P = 3$ 时，其点弹性的绝对值为

$$|E_P| = \left|\frac{dQ}{dP} \cdot \frac{P}{Q}\right| = \left|-2 \times \frac{3}{10 - 2 \times 3}\right| = 1.5$$

说明该商品的需求富有弹性。根据收益与需求价格弹性的关系可知，降价有利于扩大企业的销售量，增加企业的销售收入。

3.3 案例分析

案例 3-1
根据"E_P"把生意做大——美国西南航空公司的发家故事

汉勃·凯莱汉是美国西南航空公司的执行总裁，他叙述了这样一个故事。

20 世纪 70 年代初期，美国民航界的领导人，包括当时的民航局，在关于低收入和中等收入的消费者对空中旅行抱什么想法的问题上，普遍认为，空中旅行主要是那些能支付得起高价机票的乘客们的事。他们或者是富人，或者是商务旅行者。普通美国人都宁愿乘火车、汽车，而不乘飞机。他们还认为，普通美国人都把空中

旅行看成是一种奢侈行为,即使机票价格在可行的幅度内有所下降,也不会引起客运量的大幅增加。

凯莱汉和他的同事则看法相反。他们认为,机票降价一定能使一般公众参加空中旅行的人数大幅增加。"我们肯定,在民航市场上,价格弹性要比他们估计的大得多。"由于当时民航局对美国州际航班的价格实行管制,不允许价格竞争,凯莱汉和他的同事们只好选择州内飞行的航班进行试验。他们选择了得克萨斯州,飞行路线为从达拉斯到休斯敦,再到圣安东尼。他们向乘客提供了简单而充实的服务。点心是花生和饮料,只有经济舱。售票柜台给顾客的只是简单的现金收据和可重复使用的塑料登机卡。但航空公司把乘客送到目的地,效率很高,又很便宜。

消费者对西南航空的降价作出了很大反应。很快,在州内航线上,与其他航空公司的竞争加剧。西南航空公司坚持原方针不变。消费者懂得,如果西南航空试验失败,州内的航空旅行就会回到原来的高价。他们大量光顾西南航空,使航空量大增。西南航空不仅生存下来了,而且获得了相当多的盈利。

这场由西南航空所挑起的价格竞争,开创了美国民航业的一个新时期,即有了更多的机票折扣,客运量大增和民航局逐渐放松管制。

资料来源:吴德庆,马月才,王保林编著.管理经济学(第5版).中国人民大学出版社,2010.

【案例思考】

1. 从需求弹性的角度,分析西南航空挑起价格竞争的动因。
2. 从本案例中,你得到了什么启示?

【分析提示】

1. 西南航空公司的管理层认为,在民航市场上,价格弹性要比当时美国民航界普遍估计的大得多,对于这种需求相对富有弹性的普通航空服务,其销售总收益与价格是反方向变动的,机票降价一定能使一般公众参加空中旅行的人数大幅增加,薄利多销,从而使得航空公司总收益大大增加。于是乎,西南航空毅然率先挑起了价格竞争。

2. 西南航空公司成功的原因可能有很多,如"两低一短"(低成本、低价格、短航线)的经营特色。站在管理经济学的角度来看,本案例还告诉我们,企业在进行生产经营决策的时候,尤其是涉及产品的定价策略,一定要充分考虑到产品的需求价格弹性,正确评估需求价格弹性与销售总收益之间的影响关系,并用来指导企业的具体实践。

案例 3-2　京沪高铁开通，航空票价"跳水"

举世瞩目的京沪高速铁路于 2011 年 6 月 30 日下午正式通车运营。作为新中国成立以来一次建设里程最长、投资最大、标准最高的高速铁路，京沪高铁全长 1 318 公里，沿途 24 个站，贯通"三市四省"，途经北京、天津、河北、山东、安徽、江苏、上海 7 省市，最短旅行时间为 4 小时 48 分钟。

为最大限度方便沿线人民群众的出行，给旅客以充分的选择，京沪高铁实行时速 300 公里和 250 公里两种速度等级混跑与多级票价机制的运行模式。执行票价在 410 元至 1 750 元不等，其中时速 300 公里动车组列车从北京南站到上海虹桥站全程票价二等座 555 元、一等座 935 元、商务座（包括观光座、一等包座）1 750 元；时速 250 公里动车组列车全程票价二等座 410 元、一等座 650 元。

面对京沪高铁横空出世的挑战，航空公司主动打响了价格战，机票价格随之应声下滑。订票网站的信息显示，在 7 月初的京沪航线上，不再是 9 折、全价票的天下，4、5 折的机票铺天盖地，个别航班甚至有 400 多元的 3.5 折机票，这样，加上税费基本和京沪高铁二等座的票价相差无几。同时，受惠于京沪高铁的沿线城市的机票价格也大幅回落，比如，上海至济南的机票价格最低跌至 2.9 折，上海至合肥的机票价格也跌至 3.5 折。

此外，除了对航空业产生冲击，京沪高铁还将对京沪高速公路的交通量起到明显的分流效应，尤其是 200 公里以上、500 公里以内距离的高速公路，预计有 20% 左右的客流将会转向京沪高铁。

资料来源：根据 2011 年 7 月 1 日出版的《新华每日电讯》的相关报道整理而成。

【案例思考】

1. 在京沪运输走廊上，航空、高铁、公路这三种运输服务方式之间存在着何种相关性关系？可以用什么指标来衡量它们相互之间的这种关系？如何用这种指标来判断商品或服务的相关性特征？

2. 请简要说明航空公司主动降低票价对于保卫其市场份额有何作用？你认为航空公司还可以采取哪些应对措施呢？

【分析提示】

1. 在京沪运输走廊上,航空、高铁、公路这三种运输服务方式之间存在着相互替代的关系,通常可以用需求的交叉价格弹性系数 E_{xy} 来衡量它们相互之间的这种替代关系。根据需求交叉价格弹性系数值的不同,可将其分为三类,并据此来判断商品或服务相关性的特性:

(1) 当 $E_{xy} > 0$ 时,表示 x 和 y 这两种商品或服务互为替代品,交叉弹性系数越大,替代性就越强;

(2) 当 $E_{xy} < 0$ 时,表示 x 和 y 这两种商品或服务互为互补品,交叉弹性系数越大(绝对值),互补性就越强;

(3) 当 $E_{xy} = 0$ 时,表示 x 和 y 这两种商品或服务互不相关。

2. (1) 一般而言,替代品之间具有正相关关系。即一种商品或服务的需求与其替代品的价格是以同一方向变化的。航空公司主动降低票价,实际上就相当于高铁服务的相对价格上涨,旅客就有可能会把对高铁服务的需求部分转移到航空服务上来,这在某种程度上对航空旅客的流失,以及市场份额的减少将起到一定的抑制作用。

(2) 面对高铁咄咄逼人的竞争态势,航空公司要实现突围,除了要主动降低票价之外,更要最大限度地改善和提升服务质量。比如,机舱内更贴心的服务,更透明、及时的消息公布,登机、托运、机场租车等诸多环节的简化和连贯。此外,准点率也是"保卫战"成败的关键,尽力减少人为因素引起的航班延误,并想办法规避自然因素引起的延误。同时,航空公司也不妨主动联手铁路部门探索开展"空铁联运"合作模式,实现互利共赢。

案例 3-3 国际奢侈品价格为什么境内外倒挂

目前,像 LV 的女包或者国际品牌的衣服,在国内一线大城市专卖店的零售价的确高于在欧美市场出售的价格。据商务部近期调查的结果显示,手表、服装、酒等 20 种品牌的高档消费品,国内市场价格比美国高 51%,比法国高 72%。

为什么国内的价格反而更贵?即使在大城市,中国人的平均收入同样要比欧美低得多,关税也只能解释很小一部分原因。真正的原因在于这些品牌的跨境营销和区别定价策略。国际品牌公司非常清楚,在北京、上海这样的城市可以卖贵而不损害销量。

可是像LV这样的东西是典型的奢侈品,对奢侈品需求的价格弹性在中国应该很大才对呀?这是因为在中国的大城市,不仅那些真正有钱的人去买LV,而且那些月收入并不算很高,但愿意挤压其他开销而省出钱来的上班族女孩子也希望手上能挂着LV。因为这样,这些奢侈品其实在我们这里的特定市场上就几乎变成了必需品,价格弹性变小的道理便可解释。

在欧美发达国家,大多数奢侈品与必需品的消费者的"收入"界限一般而言是很清楚的。通常,一个人的收入达到了一个数量级(阈值)之后才会加入奢侈品消费的行列。所以,除非是在高级社交场合,你通常不会在纽约或者伦敦的街头遇见像北京、上海街头那么多的LV拎包者。

在发达国家,高档奢侈品的消费需求更多地产生于经济学家所说的"虚荣效应"(snob effect)。由于"虚荣效应"的驱使,某一品牌别人购买的越多,自己购买的欲望越小。高档奢侈品正好满足了这一条件。而在我们对一些高档奢侈品的消费需求中,起主导作用的是个人需求的"攀比效应"(bandwagon effect)。与"虚荣效应"不同,"攀比效应"是指消费者之所以对某个品牌产生消费欲望很大程度上是因为其他人也购买了这一品牌。实际上,"攀比效应"主导一些高档奢侈品的消费恐怕是新兴市场经济国家高端消费品市场的一个鲜明特征,"攀比效应"的主导使得发达国家的一些高档奢侈品不断演变成必需品。因此,在发达和新兴市场经济国家的市场上,国际一线品牌奢侈品的价格可以策略性地倒挂,就不奇怪了。

资料来源:张军.搜狐博客.2011-01-13. http://prozhang.blog.sohu.com/165891044.html.

【案例思考】

1. 如何根据需求收入弹性来判别奢侈品与必需品?
2. 为什么说国际奢侈品在国内的大城市"可以卖贵而不损害销量"?

【分析提示】

1. 一般来说,消费者的收入水平对于某些商品或服务需求影响的变动状况可用需求收入弹性 E_Y 来反映。其中:$E_Y>1$ 的商品称为奢侈品,这类商品需求增长的百分比将大于收入增长的百分比;$0<E_Y<1$ 的商品称为必需品,这类商品需求增长的百分比将小于收入增长的百分比。

2. 当前,在国内大城市对一些高档奢侈品的消费需求中,早已逾越单纯消费的概念范畴,起主导作用的往往是个人需求的"攀比效应",这在很大程度上会刺激着某些消费者罔顾个人实际收入水平跟风的购买欲望,形成一种刚性市场需求,使得一些国际奢侈品在我们这里的特定市场上不断演变成必需品,对这些品牌需求的价格弹性反而变得比欧美市场还要小。同样的物品,在需求的价格弹性小的地方,其价格上涨,并不会招致消费者的明显反感,只能在较小程度上影响其需求量,这样一来,国际奢侈品在国内的大城市当然"可以卖贵而不损害销量",从而实现其"定高价、多挣钱"的商业策略。

案例 3-4 打印机搭售策略

通过把商品搭售营销,制造商可以获得更多的经济收益。例如,由于打印机市场竞争激烈,所以价格定得比较低,而这并不是打印机制造商的利润来源。

当你买了 X 公司生产的打印机后,一旦一起购买的墨盒墨水用完后,很多消费者都会购买 X 公司生产的同一型号的墨盒。这才是打印机制造商真正的盈利之处。像惠普在多个财务年度里,打印机集团一半以上的收入来自墨盒的销售。如果买了 X 公司打印机的消费者在更换墨盒时,觉得 X 公司墨盒太贵的话,他们会选择往原墨盒加墨水的方式。这样可以减少环境污染(如减少垃圾场的墨盒)、节约资源(如减少用于制造新墨盒的塑料用量),并降低消费者用于购买新墨盒的支出。对此,打印机制造商也变得聪明起来,在生产的墨盒内置一块芯片,以便阻止用户添加墨水。

为此,欧盟曾制定了一项新法案,禁止公司生产由于某些设计特点而不能再使用的产品(如内置芯片的墨盒)。目前,不可重复使用的墨盒仍然占据了相当的市场份额。

资料来源:毛蕴诗,张颖主编.管理经济学理论与案例.机械工业出版社,2012.

【案例思考】

1. 为什么说搭售墨盒才是打印机制造商真正的盈利之处?
2. 从本案例中,你得到了什么启示?

【分析提示】

1. 本案例中的打印机搭售策略属于隐性搭售,即卖方在销售一种商品时,虽然没有直接要求买方必须同时购买另一种商品,但是隐性规定"买方将不从其他任何供应商那里购买特定商品"。在这里,打印机制造商显然是利用了打印机与墨盒在消费上存在的互补关系,虽然打印机墨盒并非捆绑出售,但是墨盒的专用性却使得客户在更换墨盒时与制造商锁定在一起。那么,制造商就可以通过把基本产品打印机的价格定得比较低来圈定市场空间,争取获得更大的市场份额,以此进一步来扩大自己搭售互补品墨盒的利润,使之成为其主要的盈利来源。

2. 如果企业同时生产多种产品,而且其中有替代品或者互补品,那么,制定销售策略和价格时就要考虑替代品或互补品之间的相互影响。就某种产品本身而言,降低价格可能会减少企业收益,但是如果把它对应的相关产品的影响考虑在内,可能就会导致企业的总收益增加。另外,如果替代品或互补品分别在不同的企业中生产,则需要进一步考虑企业与企业之间产品的相互竞争或依赖关系。当然,企业也有责任和义务接受政府合法的必要监管,并对企业行为作出相应的调整和优化。

第四章

投入-产出分析

4.1 本章要点

1. 生产函数是指在既定的生产技术条件下,一定时期内各种可行的生产要素组合和可能达到的最大产出量之间的数量关系。我们常常用不同的生产函数来表示不同的生产技术,用生产函数的改变来反映生产技术的改变。

2. 在管理经济学中,短期和长期并不是指一个具体的时间跨度,而是指能否使企业来得及调整生产规模所需要的时间长度。短期是指企业不能根据它所要达到的产量来调整其全部生产要素的时期。长期是指企业能有足够的时间根据所要达到的产量来调整其全部生产要素的时期。

3. 总产量是指投入一定量的生产要素所得到的总产出量;平均产量是指平均每单位生产要素投入的产出量;边际产量是指增加或减少一单位生产要素投入量所带来的产出量的变化。总产量、平均产量与边际产量三者之间存在密切联系。这里所指的总产量、平均产量和边际产量均是指在一定技术条件下,在其他要素固定不变的情况下,可变投入与固定要素(不变投入)相结合所得到的。

4. 边际收益递减规律是指在一定的技术水平条件下,若其他生产要素不变,连续地增加某种生产要素的投入量,在经过一定点之后,增加的产量必定会出现逐渐递减的趋势。在边际收益递减的情况下,企业投入生产要素的合理选择是在平均产量等于边际产量与边际产量为零(即总产量最大)的区域内。在生产中,当某单一可变要素的边际产量收入等于它的价格时,则该可变要素的投入量为最优。

5. 等产量曲线是指在其他条件不变时,为生产一定的产量所需投入的两种生产要素之间的各种可能组合的轨迹。等成本曲线是指生产要素价格一定时,花费一定的总成本所能购买的两种生产要素组合的轨迹。管理经济学通过等产量曲线和等成本曲线的图形组合,来表现要素的最优投入组合,即生产要素的最优组合发生在等产量曲线与等成本曲线相切之点。

6. 当单位价格的各种生产要素所得的边际产量相等时,企业的生产要素组合是最优的。即产量达到了最大(当成本给定时),或者成本达到了最小(当产量给定时)。沿着代表不同产量水平的最优投入组合点的轨迹的生产扩张线扩大生产时,可以始终实现生产要素的最优组合,从而使生产规模扩大的方向最有利。

7. 在一定的技术条件下,一定的要素投入组合会形成一定的生产规模。其中,所有投入成比例变化时产出比例变动的情况,就是规模收益或规模报酬问题。依据投入与产出之间数量关系的不同,规模收益变动可以分为规模收益递增、规模收益不变和规模收益递减三个阶段。企业生产规模不能过小,也不能过大,应当实现适度规模。

8. 从经济学分析角度观察,技术进步可以被定义为新的生产方法,以及新的管理组织方式。随着新技术被纳入生产,生产函数会发生变化,并提升生产效率。技术进步可分为资本使用型技术进步、劳动使用型技术进步和中性型技术进步三种类型。技术进步主要通过人们的研究与开发、发明和创新活动来实现。

4.2 习题与解答

一、名词解释

1. 总产量:是指投入一定量的生产要素所得到的总产出量。

2. 平均产量:是指平均每单位生产要素投入的产出量。

3. 边际产量:是指增加或减少一单位生产要素投入量所带来的产出量的变化。

4. 边际收益递减规律:是指在一定的技术水平条件下,若其他生产要素不变,连续地增加某种生产要素的投入量,在经过一定点之后,增加的产量必定会出现逐渐递减的趋势。

5. 等产量曲线:是指在其他条件不变时,为生产一定的产量所需投入的两种生产要素之间的各种可能组合的轨迹。

6. 等成本曲线:是指生产要素价格一定时,花费一定的总成本所能购买的两种生产要素组合的轨迹。

二、单项选择题

1. 如果连续地增加某种生产要素，在总产量达到最大时，边际产量曲线（　　）。
   A. 与纵轴相交　　　　　　　B. 经过原点
   C. 与平均产量曲线相交　　　D. 与横轴相交

2. 如图 4-1 所示，企业的理性决策区域应是（　　）。
   A. $3 < L < 8$　　　　　　　B. $4.5 < L < 8$
   C. $3 < L < 4.5$　　　　　　D. $0 < L < 4.5$

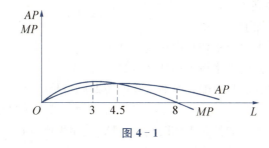

图 4-1

3. 下列说法不正确的是（　　）。
   A. 只要总产量减少，边际产量一定是负数
   B. 只要边际产量减少，总产量也一定减少
   C. 边际产量的下降一定先于平均产量
   D. 边际产量曲线一定在平均产量曲线的最高点处与之相交

4. 如果以横轴表示劳动，纵轴表示资本，则等成本曲线的斜率是（　　）。
   A. P_L/P_K　　B. P_K/P_L　　C. $-P_L/P_K$　　D. $-P_K/P_L$

5. 如果某企业增加一单位劳动使用量能够减少 3 单位资本使用量，而仍生产同样多的产出量，则 $MRTS_{LK}$ 为（　　）。
   A. -3　　　B. -6　　　C. $-1/3$　　　D. -1

6. 等产量曲线是指在这条曲线上的各点代表（　　）。
   A. 为生产同等产量，投入要素的各种组合比例是不能变化的
   B. 为生产同等产量，投入要素的价格是不变的
   C. 为生产同等产量，投入要素的成本是不变的
   D. 投入要素的各种组合所能生产的产量都是相等的

7. 规模收益递减是在下列哪种情况下发生的（　　）。
   A. 按比例连续增加各种生产要素

B. 不按比例连续增加各种生产要素

C. 连续地投入某种生产要素而保持其他生产要素不变

D. 以上都正确

8. 假如某企业在现有的生产要素投入量下,产量为 100 万件,当所有生产要素投入量同时增加到两倍时,产量为 150 万件,则该企业生产是( )。

    A. 边际收益=边际成本　　　　B. 规模收益递增

    C. 规模收益不变　　　　　　　D. 规模收益递减

9. 等成本曲线平行向外移动表明( )。

    A. 产量提高了

    B. 成本增加了

    C. 生产要素的价格按相同比例提高了

    D. 生产要素的价格按不同比例提高了

10. 在下面的情况中,可能是企业选择的短期调整是( )。

    A. 建立新工厂　　　　　　　　B. 扩大已存在的生产规模

    C. 雇用工人以加长总工作时间　D. 关闭生产设备

参考答案:1.(D)　2.(B)　3.(B)　4.(C)　5.(A)　6.(D)　7.(A)　8.(D)　9.(B)　10.(C)

三、多项选择题

1. 关于生产函数,下列说法中正确的有( )。

    A. 生产函数说明的是一定时期内的投入和产出关系,时期不同,生产函数就有可能不同

    B. 生产函数反映的是一定的投入要素组合所可能达到的最大产量

    C. 生产函数与技术水平相联系

    D. 生产一定量的产品,各种生产要素的投入比例通常不是唯一固定的,而是存在多种组合

    E. 生产函数所表示的投入量与产出量之间的依存关系在任何企业都是客观存在的

2. 下列关于边际收益递减规律发生作用的前提条件的说法中,正确的有( )。

    A. 生产要素投入量的比例是可变的

    B. 以技术水平保持不变为前提

    C. 所增加的生产要素具有同样的效率

    D. 边际收益递减是在投入的可变生产要素超过一定数量以后才会出现

E. 只有在大企业才会适用,小企业不适用

3. 当平均产量达到最大时,则( )。

A. 边际产量等于平均产量

B. 边际产量大于平均产量

C. 边际产量小于平均产量

D. 边际产量曲线穿过平均产量曲线最高点

E. 边际产量曲线与横轴相交

4. 规模收益递增的原因有( )。

A. 生产专业化协作

B. 某些生产要素具有不可分割性

C. 规模扩大便于管理

D. 规模扩大后企业就相对更具有竞争优势

E. 企业员工技能随企业规模扩大而提高

5. 技术进步的类型有( )。

A. 劳动使用型   B. 资本使用型

C. 中性型技术进步   D. 硬件进步

E. 软件进步

参考答案:1.(A,B,C,D,E) 2.(A,B,C,D) 3.(A,D) 4.(A,B,C,D)
5.(A,B,C)

四、判断改错题

1. 反映投入与产出之间关系的数学函数是利润函数。(×)

改为:反映投入与产出之间关系的数学函数是生产函数。

2. 只要边际产量减少,总产量一定也减少。(×)

改为:边际产量即使处于递减阶段,但只要还大于0,总产量就仍然一直会增加。

3. 在一条等成本曲线上,上部代表的成本大于下部代表的成本。(×)

改为:在一条等成本曲线上,所有各点代表的成本都是相等的。

4. 等产量曲线斜率为负,表明要素合理投入区域应是一种要素在生产中可以替代另一种要素。(√)

5. 在一定的技术水平下,只要增加某种生产要素投入量,总产量就一定增加。(×)

改为:在一定的技术水平条件下,若其他生产要素不变,连续地增加某种生产要素的投入量,在经过一定点之后,增加的产量必定会出现逐渐递减的趋势。

6. 边际技术替代率是负的,并且呈现递增趋势。(×)

改为:边际技术替代率是负的,并且呈现递减趋势。

7. 生产者均衡点是在等产量曲线和等成本曲线相切的切点处。(√)

8. 生产扩张线上的各点并不一定都是生产者均衡点。(×)

改为:生产扩张线上的任意一点都是生产者均衡点。

9. 若两种投入要素可以完全替代,则等产量曲线是一条向左下方倾斜的直线。(×)

改为:若两种投入要素可以完全替代,则等产量曲线是一条向右下方倾斜的直线。

10. 管理经济学中的短期与长期,并不能完全按照时间划分。(√)

五、简答题

1. 简要回答总产量、平均产量和边际产量三者之间的关系。

答: 这三者之间存在着下面的关系:第一,某投入要素取某值时的边际产量等于总产量曲线上该点的切线的斜率。当边际产量为正值时,总产量曲线呈上升趋势;当边际产量为负值时,总产量曲线呈下降趋势;当边际产量为零时,总产量为最大。第二,某投入要素取某值时的平均产量等于总产量曲线上该点与原点的连线的斜率。第三,当边际产量大于平均产量时,平均产量呈上升趋势;当边际产量小于平均产量时,平均产量呈下降趋势;当边际产量与平均产量相等时,平均产量为最大。

2. 生产的三个阶段是如何划分的?为什么企业应该选择第二个阶段进行生产?

答:(1)一种可变要素的生产的三个阶段,是根据总量曲线 TP、平均产量曲线 AP 和边际产量曲线 MP 的形状及相互关系来划分的。第一阶段:平均产量递增阶段,即平均产量从零增加到平均产量的最高点。这一阶段是从原点到曲线 AP 和曲线 MP 的交点。第二阶段:平均产量递减,但边际产量仍大于零,所以总产量仍是递增,直到总产量达到最高点。这一阶段是从曲线 AP 和 MP 的交点到曲线 MP 与横轴的交点。第三阶段:边际产量为负值,总产量也递减。这一阶段是曲线 MP 和横轴的交点以后的阶段。

(2)首先,企业肯定不会在第三阶段生产,因为这个阶段的边际产量为负值,生产不会带来任何好处。其次,企业也不会在第一阶段生产,因为平均产量仍然可以增加,投入的这种生产要素还未发挥到最大作用,企业没有充分获得可以获得的好处。因此,企业只能选择在第二阶段进行生产。因为在第二阶段,虽然平均产量和边际产量都在下降,但边际产量还是大于零的,总产量仍然会递增,只是增加的速度在变慢,直到停止增加为止。

3. 试用边际收益递减规律说明我国农村剩余劳动力转移的必要性。

答:(1) 边际收益递减规律是指在技术水平不变的条件下,若其他生产要素不变,连续增加某种生产要素的投入,当该生产要素的投入数量增加到一定程度以后,单位生产要素投入增加所带来的产量增加最终会出现递减的一条规律。技术水平和其他生产要素的投入数量保持不变,是边际收益递减规律成立的前提条件。在既定的土地上不断增加劳动投入所引起的边际收益递减的例子,经常作为边际收益递减规律的例证。

(2) 我国大部分人口居住在农村,这就意味着农村的发展状况在某种意义上决定着国家整体经济发展水平、国民收入和人民生活水平的高低。农村改革的目的是为了发展生产力,让亿万农民富裕起来,但只要还有70%左右的农业人口,守着极其有限的耕地,根据边际收益递减规律,大量剩余劳动力不能及时转移出去,滞留在有限的耕地上,农民就不可能富裕起来。农村剩余劳动力的合理转移有利于增加农村居民收入,改善农村居民生活质量,提高农村劳动力素质,促进农村的现代化建设,乃至整个国民经济的可持续发展。

4. 企业要招聘工厂流水线操作工,在平均劳动产出与边际劳动产出中,一般企业更关心哪一个?如果企业发现平均产出开始下降,企业会雇用更多的工人吗?这种情况下,意味着企业之前雇用的工人的边际产出如何?

答:(1) 更关心边际劳动产出,因为它决定了总产出的水平,并左右着平均产出。

(2) 如果发现平均产出开始下降,企业可能还会继续雇用更多的工人。此时平均产出虽然开始下降,但是总产出还会继续增加,企业仍然有利可图,直到劳动的边际产量收入与劳动的价格相等为止。

(3) 这种情况的出现,意味着刚雇用的工人的边际产出降得已低于之前雇用的工人的平均产出,但其边际产出仍大于零。

5. 边际收益递减规律和规模收益递增原理是否矛盾?为什么?

答:边际收益递减规律和规模收益递增原理并不矛盾。因为边际收益递减规律是以其他投入要素固定不变,只增加一种生产要素为前提的,收益递减的原因就在于增加的投入要素只能与越来越少的固定投入要素相结合。而规模收益递增原理则是以所有的投入要素都按相同的比例增加为前提的,收益递增的原因在于:规模的扩大可以使分工更细,实行专业化生产;可以使用专门化的设备和较先进的技术;便于实行联合化和多种经营;便于实行大量销售和大量采购;容易实现现代化管理;等等。

6. 如果生产中用的某种投入要素是免费的,而且可以用之不尽、取之不竭,那么,企业使用这种投入要素是否越多越好?为什么?

答：如果生产中用的某种投入要素是免费的,而且是用之不尽、取之不竭的,那么,企业使用这种投入要素也不是越多越好。因为,如果其他投入要素固定不变或不能与这种投入要素按相同的比例增加投入的话,那么,增加使用的免费的投入要素只能与越来越少的其他生产要素相结合,造成边际收益递减或存在规模不经济。也就是说,当这种免费的投入要素的使用量达到一定的量时,再继续增加这种免费的投入要素的使用量,就有可能不仅不增加总产量,反而会导致总产量的减少,或者加倍成本只能获得低于加倍的产出。况且,即使其他投入要素与该免费的投入要素同比例增加投入,也还可能存在着规模收益递减的现象,即产出增加的比率小于生产规模扩大的比率,或者产出绝对减少。所以,并不是任何投入(即使是免费的、用之不尽的)都能带来最大的收益,更不是投入越多,收益一定越大。

六、计算题

1. 已知生产函数为 $Q = f(K, L) = KL - 0.5L^2 - 0.32K^2$,求当 $K = 10$ 时劳动的平均产量函数和边际产量函数。

解：对于生产函数 $Q = KL - 0.5L^2 - 0.32K^2$,若 $K = 10$,则

$$Q = 10L - 0.5L^2 - 0.32 \times 10^2 = 10L - 0.5L^2 - 32$$

$$AP = \frac{10L - 0.5L^2 - 32}{L} = 10 - 0.5L - \frac{32}{L}$$

$$MP = \frac{d(10L - 0.5L^2 - 32)}{dL} = 10 - L$$

2. 假设某企业产出一定量的某种产品需要的劳动 L 和资本 K 的数量可以采用下述 A、B、C、D 四种组合中的任何一种,如表 4-1 所示。

表 4-1　劳动和资本的投入组合

组合方式	L(单位数)	K(单位数)
A	18	2
B	13	3
C	11	4
D	8	6

(1) 若每单位劳动价格为 6，每单位资本价格为 12，则该企业为使要素组合最优应该采用哪种方法？

(2) 若资本价格不变，每单位劳动价格上升到 8，则该企业又应该采用哪种方法？

解：(1) 对于方法 A：$C = LP_L + KP_K = 18 \times 6 + 2 \times 12 = 132$。

对于方法 B：$C = LP_L + KP_K = 13 \times 6 + 3 \times 12 = 114$。

对于方法 C：$C = LP_L + KP_K = 11 \times 6 + 4 \times 12 = 114$。

对于方法 D：$C = LP_L + KP_K = 8 \times 6 + 6 \times 12 = 120$。

所以，该企业为使要素组合最优应该采用方法 B 或方法 C。

(2) 对于方法 A：$C = LP_L + KP_K = 18 \times 8 + 2 \times 12 = 168$。

对于方法 B：$C = LP_L + KP_K = 13 \times 8 + 3 \times 12 = 140$。

对于方法 C：$C = LP_L + KP_K = 11 \times 8 + 4 \times 12 = 136$。

对于方法 D：$C = LP_L + KP_K = 8 \times 8 + 6 \times 12 = 136$。

所以，当 P_L 上升到 8 时，该企业为使要素组合最优应该采用方法 C 或方法 D。

3. 已知某企业的生产函数为 $Q = 21L + 9L^2 - L^3$，其中 L 代表劳动力的数量。

(1) 求该企业的平均产出函数和边际产出函数。

(2) 如果企业现在使用 8 个劳动力，试问是否合理？合理的劳动使用量应在什么范围内？

(3) 如果该企业产品的市场价格为 6 元，劳动力的市场价格为 126 元，该企业的最优劳动投入量是多少？

解：(1) 平均产出函数为：$AP = \dfrac{Q}{L} = \dfrac{21L + 9L^2 - L^3}{L} = 21 + 9L - L^2$。

边际产出函数为：$MP = \dfrac{dQ}{dL} = \dfrac{d(21L + 9L^2 - L^3)}{dL} = 21 + 18L - 3L^2$。

(2) 首先确定合理投入区间的左端点。令 $AP = MP$，即

$$21 + 9L - L^2 = 21 + 18L - 3L^2$$

求解得到 $L_1 = 0$（舍去），$L_2 = 4.5$，所以合理区间的左端点应在劳动力投入为 4.5 个的时候。

再确定合理投入区间的右端点。令 $MP = 0$，即

$$21 + 18L - 3L^2 = 0$$

求解得到 $L_1 = -1$（舍去），$L_2 = 7$，所以当使用劳动力为 7 个的时候，总产出最大。

于是，合理的劳动使用量应在 4.5 和 7 之间。企业目前使用 8 个劳动力，大于 7，所以是不合理的。

(3) 劳动投入最优的必要条件为

$$(21 + 18L - 3L^2) \times 6 = 126$$

求解得到 $L_1 = 0$(舍去)，$L_2 = 6$，所以使用 6 个劳动力是最优的。

4. 假定某企业的生产函数为 $Q = 8L^{0.5}K^{0.5}$，劳动力(L)的价格为每单位 90 元，资金(K)的价格为每单位 160 元。问：

(1) 如果企业希望生产 2 592 单位的产品，它应该投入 L 和 K 各多少才能使成本最低？此时的成本是多少？

(2) 如果企业打算在 L 和 K 上总共投入 103 680 元，那么，它在 L 和 K 应各投入多少才能使产量最大？最大产量是多少？

解：(1) 由题意，知

$$MP_L = \frac{d(8L^{0.5}K^{0.5})}{dL} = 4L^{-0.5}K^{0.5}$$

$$MP_K = \frac{d(8L^{0.5}K^{0.5})}{dK} = 4L^{0.5}K^{-0.5}$$

又知 $P_L = 90$ 元，$P_K = 160$ 元，根据多种可变投入要素最优组合的条件，有

$$\frac{4L^{-0.5}K^{0.5}}{90} = \frac{4L^{0.5}K^{-0.5}}{160}$$

整理得 $16K = 9L$。解方程组 $\begin{cases} 16K = 9L \\ 8L^{0.5}K^{0.5} = 2\,592 \end{cases}$，可得 $\begin{cases} L = 432(单位) \\ K = 243(单位) \end{cases}$。

所以，如果企业希望生产 2 592 单位的产品，它应该投入 L 和 K 分别为 432 单位和 243 单位才能使成本最低，此时的成本是 $90 \times 432 + 160 \times 243 = 77\,760$(元)。

(2) 解方程组 $\begin{cases} 16K = 9L \\ 90L + 160K = 103\,680 \end{cases}$，可得 $\begin{cases} L = 576(单位) \\ K = 324(单位) \end{cases}$。

将此解代入 $Q = 8L^{0.5}K^{0.5}$，可得

$$Q = 8 \times 576^{0.5} \times 324^{0.5} = 8 \times 24 \times 18 = 3\,456(单位)$$

所以，如果企业打算在 L 和 K 上总共投入 103 680 元，那么，它在 L 和 K 上应各投入 576 单位和 324 单位才能使产量最大，最大产量是 3 456 单位。

4.3 案例分析

案例 4-1
三季稻不如两季稻

"大跃进"是个不讲理性的年代,时髦的口号是"人有多大胆,地有多高产"。于是,有些地方把传统的两季稻改为三季稻。结果总产量反而减少了。从经济学的角度看,这是因为违背了一个最基本的客观经济规律:边际产量递减规律。

四川省把三季稻改为两季稻之后,粮食产量反而增加了。江苏省邗江县1980年的试验结果表明,两季稻每亩总产量达2014斤,而三季稻只有1310斤。更不用说两季稻还节省了生产成本。群众总结的经验是"三三见九,不如二五一十"。这是对边际产量递减规律的形象说明。

资料来源:于卫东主编.管理经济学.化学工业出版社,2006.

【案例思考】

1. 请用边际收益递减规律解释上述现象。
2. 举例说明现实生产生活中还有哪些现象与案例所反映的规律相近。

【分析提示】

1. 边际收益递减规律是短期生产的一条基本规律,它指的是在一定的技术水平条件下,若其他生产要素不变,连续地增加某种生产要素的投入量,在经过一定点之后,增加的产量必定会出现逐渐递减的趋势。边际收益递减规律成立的原因在于:对于任何产品的短期生产来说,可变要素投入和固定要素投入之间都存在一个最佳的数量组合比例。在开始时,由于不变要素投入量给定,而可变要素投入量为零,因此生产要素投入量远远没有达到最佳的组合比例;但随着可变要素投入量的增加,逐步接近最佳比例,相应的可变要素的边际产量呈现出递增的趋势;一旦生产要素的投入量达到最佳比例时,可变要素的边际产量达到最大值;如果继续增加可变要素投入,这时候生产要素的组合比例又变得不恰当了,太多的可变要素投入与现有的固定要素投入搭配显得浪费,所以边际产量反而会下降,甚至边际产量会小于0,进而引起总产量绝对减少。

本案例中，在农业仍为传统生产技术的条件下，土地、设备、水利资源和肥料等都是固定生产要素。两季稻改为三季稻并没有改变这些固定生产要素，只是增加了可变生产要素：劳动力和种子。两季稻是农民长期生产经验的总结，它行之有效，说明在传统农业技术下固定生产要素已经得到充分利用。改为三季稻后，土地过分利用引起肥力下降，设备、肥料和水利资源等由两次使用改为三次使用，每次使用的数量不足。这样，种三季稻时的总产量就低于两季稻时的总产量。

2. 举例说明现实生产生活中与案例所反映的规律相近的现象，要求至少举一个比较贴切的例子来例证，并能适度展开说明。

案例 4-2　　吉利的通用零件

"够用就好"可能是"吉利制造"的范式评价。这与吉利在车型研发阶段就全面推行车型平台化不无关系。平台化并不是一个新概念，德国的大众汽车就是率先在全球推行平台化战略的汽车制造商之一。虽然平台化这个概念通俗易懂，但是在具体的车型研发工作中会遇到极大的阻力。车型研发人员都希望按照自己的思路制订设计方案并彰显自己的风格。如果要求他们必须在设计方案中使用某些通用零部件，开发人员就需要不断修改设计，以让其他零部件去配合。

这是一个枯燥而艰苦的过程。例如，如果要求开发工程师必须使用某一规格的水泵，那么水泵周边的所有阀体管路都得依据水泵设计。对于开发工程师来说，不仅增加了工作复杂程度，而且自己的工作只是把现有的零部件应用配合起来，自己没有任何创新或者独树一帜的地方可谈，这是他们很难接受的。但对于吉利来说，一个已经使用了 10 年的水泵，如果能够在新车型内使用，就意味着无需重新开发这个零部件，节省了相当的成本。更重要的是，这个成熟的零部件在 10 年使用过程中，各种故障问题隐患都已基本解决，使用它意味着质量更加可靠，对于售后服务的便捷性和降低维修成本方面也有很大帮助。更何况，消费者也不会因为一辆新车使用了和别人尺寸截然不同的水泵而购买。

赵福全曾在克莱斯勒担任高级工程师，他的平台开发理念打动了吉利集团董事长李书福。为此，吉利成立了汽车研究院，并于 2006 年底任命赵福全为院长。赵福全得到了充分的授权和资源，以全面贯彻车型研发平台化。此前，吉利在平台化上最大的成果只是在研发部门建立了一个标准件科，在车型开发中使用了一些诸如螺丝、螺母这样的标准零件。

赵福全上任后第一个动作是把原有的标准件科,改名为标准化科,向开发人员逐步灌输平台化的概念。一年半之后,这个科室的名称被正式改为通用化科。这个由 20 多名工程师组成的部门并不进行设计开发,唯一的工作就是为每一个新车型开发项目设置"障碍"。通用化科在每一个新车型前期策划时与开发项目小组一起工作,为其规划应该使用的通用化平台零部件,力求在各款新车型中尽可能使用相同的门把手、遮阳板、门锁、玻璃升降器等部件。当开发项目小组反对采用通用化零部件时,通用化科的工程师就有权在绩效考核上扣除该项目的分数,他们得到了赵福全的充分授权。

"能通用就通用,不能通用的也得整成通用。""所以他们是一个绊脚石,会阻碍很多项目的正常运作,但就得这么干。"赵福全如是说。

资料来源:孔英编著.管理经济学.北京大学出版社,2012.

【案例思考】

1. "吉利"通用零件背后的管理经济学原理是什么?
2. 从技术创新的角度如何来看待生产过程中的成本控制?

【分析提示】

1. "吉利"通用零件背后的管理经济学原理是规模经济,也称规模效应,是指生产规模扩大引起产品成本的降低和经济效益的增加。规模经济反映的是生产要素的集中程度同经济效益之间的关系,其优越性在于它不仅能够实现产品规格的统一和标准化,而且还能通过大量购入原材料而使单位原材料购入成本下降,并随着生产经验的积累而使管理人员和工程技术人员的专业化程度不断提升,共同促进企业的市场综合竞争力。具体来说,"吉利"通过车型研发阶段全面推行车型平台化,从而最大限度地推进零部件生产的通用化和标准化来获取规模经济。

2. 一般来说,技术创新包括生产技术创新和管理技术创新,涵盖开发创新和应用创新两个层面。运用同样的技术可以生产不同的产品,生产同样的产品可以采用不同的技术。技术创新可能并不带来产品的改变,而仅仅带来成本的降低、效率的提高,比如改善生产工艺、优化作业过程、再造组织流程等,从而减少资源消费、能源消耗、人工耗费或者提高作业速度。

(不限于此,各抒己见,言之有理、能够自圆其说均可。)

案例 4-3 规模经济与企业竞争优势

20世纪60年代和70年代,企业竞争优势一般与规模经济紧密相关。当时,许多成功的企业,如通用汽车、IBM等都具有较大的生产规模,从而获得了低于竞争对手的生产成本。据统计,当时IBM公司拥有70%的市场占有率,而其年利润则占到了整个主机制造业的95%;同样,通用汽车公司以55%的市场占有率,获得了整个汽车制造业80%的利润。

规模经济之所以能够给企业带来竞争优势,是因为在某些行业的经营运作模式中,固定成本同可变成本的比值很高,大规模生产更有利于分摊高昂的固定成本。行业中规模经济的存在,使众多企业因无法消化固定成本而在竞争中处于不利地位。

直到今天,规模经济仍是Intel、Boeing、Microsoft等世界知名大企业的盈利远远高于同行业一般水平的重要因素之一。但我们也看到,在当今许多行业中,由于技术进步,固定成本大大降低,基于规模经济建立起来的竞争优势已不复存在。

日本Toyota公司通过长期实践证明,企业采用的特定技术和管理方式是形成高额固定成本的重要原因,采用新技术或改变管理方式完全可以降低或避免许多固定成本的发生。20世纪80年代以来,Toyota通过减少在制品、机械装备次数,以及批量生产的管理费用,降低了汽车装备过程中的日常管理开支。计算机辅助设计系统的应用,也大大降低了新款汽车设计过程中的固定成本和直接成本。固定成本的降低弱化了企业规模同竞争优势之间的关联。

固定成本的降低削弱了既有的竞争优势,这一变化在钢铁、电力生产和计算机等其他行业中也普遍存在。Intel公司用于设计新型家用微软处理器的70亿美元,以及建造新生产设备的3亿美元投资,曾经对潜在竞争者构成了难以逾越的进入壁垒,但新技术的出现改变了这一状况。例如,Tensilica公司开发的标准微软处理器大大降低了微软处理器的设计费用,并且从此小型甚至微型设备也能胜任微软处理器的生产,设备投资也大大减少,进入壁垒自然降低了。

制药业发生的变化又是一个典型的例子。由于新药的临床试验需要巨额资金,并存在极大的不确定性,从而导致企业规模越大、竞争优势越强的局面。但是,随着技术进步,这一状况已成为历史,其中,人类基因之谜的逐步揭开使临床试验的规模经济大大降低。例如,过去一直认为白血病只有一种。在进行白血病新疗

法的临床试验时,各种白血病患者混在一起,药物对有些患者有用,对另一些患者则不起作用。为了检测令人满意的临床试验效果,需要大量患者参与试验,且试验周期很长,造成了临床试验的高昂成本和制药业的规模经济。但现在我们知道至少存在六种不同的白血病,医生只要抽取一份血样进行基因分析就能确诊患者得的是哪种白血病,从而对症下药,临床试验的规模大大缩小。可以预言,在不久的将来,临床试验的规模将更小,周期将更短,临床试验的结果将更精确。这一发展趋势,必将导致大规模制药企业在竞争中失去原有的优势。今天,企业规模的扩大并不一定会给企业带来竞争优势。因此,企业必须在制定发展战略时对"规模"和"经济"之间的关系进行重新思考,盲目扩大规模可能反而会给企业未来的发展造成不利影响。

资料来源:池仁勇主编.管理经济学.科学出版社,2005.

【案例思考】

在不同的行业中,应该怎么去确定企业的适度规模?请就你熟悉的一个行业(或企业)为例加以分析。

【分析提示】

(1) 规模经济是指在一定的产量范围内,随着企业生产规模的扩大,使得单位产品平均成本不断降低的一种状态。规模经济之所以能够给企业带来竞争优势,是因为在某些行业的经营运作模式中,固定成本同可变成本的比值很高,大规模生产更有利于分摊高昂的固定成本。规模经济主要是针对生产部门而言的,即我们通常所谈论的工厂规模经济或生产技术性的规模经济。这往往使具有规模经济优势、大批量生产能力的大企业,具有成本上的优势,从而在与中小企业的竞争中处于优势地位。而事实上,任何一项竞争优势只存在于特殊时点的特殊条件下。当今,由于技术进步的加快、制造业服务化的转型,以及互联网服务业的崛起,企业固定成本大大降低,固定成本的降低弱化了企业规模同竞争优势之间的关联,规模的扩大并不一定会给企业带来竞争优势。因此,企业必须在制定发展战略时对"规模"和"经济"之间的关系进行重新思考,分析经济转型和产业升级的内在要求,根据行业和企业自身的条件特点来设计并实现适度规模,盲目扩大规模可能反而会给企业未来的发展造成不利影响。

(2) 在结合实例说明中,要求至少举一个比较贴切的例子,并适度展开加以分析。比如说,与传统制造业不同,互联网产业并不需要注入大量资金、土地等有形资本;诺基亚、NIKE、海尔等制造企业向服务化转型的相关案例。

案例 4-4 微信带给企业的变革

微信的出现，第一次让企业可以如此容易、便捷、深度地连接到自己的客户。

网站、APP的问题是门槛较高，微博倒是一个容易使用的工具，但是太嘈杂，很难建立深度连接。微信所提供的公众平台则是目前为止最合适的一个场所，它能产生巨大价值。

海口美兰国际机场（下称"美兰机场"）对此体会很深。对一家机场而言，旅客是流动的，在此之前要与他们建立连接格外困难。在用两个月时间开发完公众号后，从2013年9月20日上线后的两个月时间里已经有1万多关注数。它建立连接的切入点是微信值机。

美兰机场在当初设计时吞吐量为900万旅客，如今已经接近1 200万，这增加了旅客排队时间，也给值机柜台造成了巨大压力。尽管一直以来美兰机场都在尝试新的值机方式，比如网上值机和移动值机，但前者的问题是用户习惯，后者则操作起来人力成本太高，微信值机解决了这两个难点。

借此与用户建立连接只是第一步，之后有很多延展空间。作为一个旅游城市的机场，客户都以旅游客为主，这些人对海南、对美兰机场都不熟悉，所以美兰机场还会给他们提供当地的天气、交通和旅游信息。在微信开放了地理位置接口后，美兰机场将会直接提供导航服务，告诉旅客如何以最便捷的方式到达机场，路途中应该注意什么，引导旅客分配好时间。在此过程中还诞生了新的商业机会，比如为旅客提供接机引导服务。

"我们想给旅客提供与机场这个场景相关的延伸服务"，美兰机场运行保障部信息管理中心经理邓超透露，接下来美兰机场还会提供飞航业务和餐饮服务，比如让旅客能在隔离区内点隔离区外的餐饮，给旅客在高价餐馆和泡面二者之外提供更多选择。当然，美兰机场也可以成为机场商区的线上导航，向旅客提供商户的优惠、打折信息。

微信所提供的连接降低了门槛，连接之后也用微信的方式降低信息的输入和输出成本，增加信息的流动效率，企业要做的只是用微信的方式去思考——用户第一，在服务用户的同时与客户建立深度连接，自然也会给企业带来新机会。

在微信连接一切的路上，其实迎来的是一个全新的世界，这是企业观察微信时不能忽视的视角。微信能在短短3年时间内吸纳2.7亿月活跃用户，其公众平台能在15个月里诞生200多万个公众号，不只是微信的能量，而是背后移动互联网爆发的推动力。

科技作者凯文·凯利发现,技术创新是有方向的,带有倾向性。这种倾向性一定程度上独立于人类发明者。微信这款真正诞生于移动互联网的产品,它充分理解移动互联网,用移动互联网的方式理解世界,它是被移动互联网这股科技力量选中的幸运儿。

没人会怀疑移动互联网将带来一个新时代,微信是一个开始,它会推动一些企业前进,也会阻挡一些企业。可以肯定的是,没人能够错过它。

资料来源:纪云. 新浪博客. 2013 - 12 - 11. http://content. businessvalue. com. cn/post/16343. html.

【案例思考】

请就技术进步如何改变生产,以及如何影响边际收益递减规律发挥作用等方面展开讨论。

【分析提示】

(1) 从经济学分析角度观察,技术进步就是新的生产方法以及新的管理组织方式。它包括两层含义:一是生产某种产品的新的更有效方式(包括生产新产品的方法);二是经济组织、营销和管理方式的改进。随着新技术被纳入生产,直接改变了生产系统各种生产要素的结构、性质和要素间的组织管理方式,生产要素的这种改变又会使生产系统的生产函数的具体形式随之改变,并提升生产效率。新技术已经越发演变为买方市场,消费者最终将拥有决定技术发展方向的权力,资源将越来越向满足需求倾斜,在更大程度上体现了企业的客户导向,在深层次上改变了商业运营模式,客户需求将越来越成为企业产品与服务设计、生产与经营组织的出发点与立足点。

(2) 经济生活中投入与产出之间存在一个重要规律,就是边际收益递减规律。这一规律表明,给定技术水平和其他投入不变的条件下,连续地增加某种生产要素的投入量,在经过一定点之后,增加的产量必定会出现逐渐递减的趋势。边际收益递减规律的表述包含"技术水平"不变的限制条件,指的是管理经济学短期时态范围内发生的现象。从长期来看,技术进步能够改变生产函数,使得同样的土地、劳动和资本等传统生产要素投入带来更多产出,且技术进步的速度越快,对这些要素可能带来不断增加的边际产出越具有加速作用。即使是已经成熟的技术,其创造的市场也将被不断细化或相互融合,在此过程中将会衍生出无数新的应用模式,从而使技术的外延得到极大延伸。

第五章

成本-收益分析

5.1 本章要点

1. 管理经济学中的机会成本,是指如果一种生产要素被用于某一特定用途,它便放弃了在其他各种用途上可能获取的收益,这其中的最大收益就是这种生产要素用于这一特定用途的机会成本。机会成本的存在需要两个重要的前提条件:第一,生产要素是稀缺的;第二,生产要素是具有多种用途的。

2. 经济成本是企业生产产品或提供劳务时,对使用的生产要素所做的支付,它包括显性成本和隐性成本,一般大于作为显性成本的会计成本。而收益是企业出售产品所获得的收入,有总收益、平均收益、边际收益之分。由此,我们可以计算出经济利润和会计利润,经济利润一般比会计利润要小。正常利润就是经济成本超过会计成本的部分,如果忽略其他因素不考虑,正常利润主要就是通常所说的企业家才能的报酬,其数值大小等于企业家人才的机会成本。

3. 在短期中,企业成本分为总成本、固定成本、可变成本、平均成本、平均固定成本、平均可变成本和边际成本。其中,总成本等于固定成本加可变成本,平均成本等于平均固定成本加平均可变成本。

4. 短期总成本曲线是可变成本曲线和固定成本曲线加总而成,固定成本是一常数,总成本曲线与可变成本曲线在每一个产量水平上都具有相同的切线斜率。平均成本曲线由总成本曲线上相应点与原点连线的斜率所决定。边际成本曲线、平均成本曲线与平均可变成本曲线均呈 U 形,边际成本曲线 MC 分别从平均可变成本曲线 AVC 的最低点与平均成本曲线 AC 的最低点自下而上穿过。其中,边际成本曲线与平均可变成本曲线的交点为停止营业点,与平均成本曲线的交点为收支相抵点。

5. 在长期中,企业成本分为总成本、平均成本、边际成本。其中,长期总成本是指企业在长期内,在每一个产量水平上通过改变生产规模所能达到的最低总成本;而长期平均成本则表示在长期内,企业自由选择最优规模时按产量平均计算的单位最低成本。长期成本曲线可以根据短期成本曲线求得,但比相应的短期成本曲线平坦;长期平均成本曲线与长期边际成本曲线一般也都呈现先下降后上升的U形,并且长期边际成本曲线亦相交于长期平均成本曲线的最低点。

6. 企业决策分析中,常用的成本—收益分析的方法是贡献分析法和盈亏平衡分析法。无论应用哪种分析方法,企业都应该遵循利润最大化的原则,即边际收益等于边际成本。在利润最大化的产量上,企业若获得利润,则利润最大;若遭遇亏损,则亏损最小。

5.2 习题与解答

一、名词解释

1. 机会成本:是指如果一种生产要素被用于某一特定用途,它便放弃了在其他各种用途上可能获取的收益,这其中的最大收益就是这种生产要素用于这一特定用途的机会成本。

2. 增量成本:是指因作出某一新的决策而引起的全部成本的变化。

3. 边际成本:是指每增加或减少一单位产量所引起的总成本的变化量。

4. 边际收益:是指每增加或减少一单位产量所引起的总收益的变化量。

5. 经济利润:是指销售收入与经济成本的差额,是超过正常利润的超额利润。

6. 正常利润:是指经济成本超过会计成本的部分,相当于企业家才能的报酬。

二、单项选择题

1. 管理经济学中短期与长期的划分取决于( )。
   A. 时间长短   B. 可否调整产量
   C. 可否调整产品价格 D. 可否调整生产规模

2. 在长期中,下列成本当中不存在的是( )。
   A. 不变成本 B. 平均成本
   C. 机会成本 D. 隐性成本

3. 在短期中,边际成本低于平均成本时,则( )。
   A. 平均成本上升
   B. 平均可变成本可能上升也可能下降

C. 总成本下降

D. 平均可变成本上升

4. 短期平均成本曲线呈 U 形的原因与( )。

　　A. 规模报酬有关

　　B. 规模经济性有关

　　C. 要素的边际生产率有关

　　D. 固定成本和可变成本所占比重有关

5. 长期平均成本曲线呈 U 形的原因与( )。

　　A. 规模经济性有关　　　　　B. 边际收益递减规律有关

　　C. 要素的边际生产率有关　　D. 边际成本递增规律有关

6. 长期总成本曲线是各种产量的( )。

　　A. 平均成本变动的轨迹　　　B. 最低平均成本点的轨迹

　　C. 最低边际成本点的轨迹　　D. 最低成本点的轨迹

7. 成本函数反映( )。

　　A. 产品的成本与价格之间的关系

　　B. 产品的成本与收入之间的关系

　　C. 产品的成本与产量之间的关系

　　D. 产品的成本与投入量之间的关系

8. 利用增量成本作决策,那么( )。

　　A. 增量收入等于增量成本时,方案可接受

　　B. 增量收入大于增量成本时,方案可接受

　　C. 增量收入小于增量成本时,方案可接受

　　D. 无论在什么情况下,方案均可接受

9. 用贡献分析法进行决策分析时,固定成本属于( )。

　　A. 机会成本　　B. 边际成本　　C. 增量成本　　D. 沉没成本

10. 企业利润最大化发生在( )。

　　A. $MR < MC$　　B. $MR = MC$　　C. $MR > MC$　　D. 上述都有可能

参考答案：1. (D)　2. (A)　3. (B)　4. (C)　5. (A)　6. (D)　7. (C)　8. (B)　9. (D)　10. (B)

三、多项选择题

1. 总成本在短期内可划分为( )。

　　A. 半年以内的成本　　　　B. 一年以内的成本

　　C. 固定成本　　　　　　　D. 可变成本

E. 边际成本

2. 在短期中,下列要素当中属于可变成本的是(　　)。
   A. 设备、厂房　　　　　　　B. 工人的工资
   C. 原材料、燃料　　　　　　D. 管理人员的工资
   E. 产品包装费用

3. 经济成本是指(　　)之和。
   A. 显性成本　　　　　　　　B. 隐性成本
   C. 短期成本　　　　　　　　D. 长期成本
   E. 边际成本

4. 企业在 $MR = MC$ 的产量上(　　)。
   A. 必然得到盈利
   B. 不可能亏损
   C. 必然不亏也不盈
   D. 并不意味着一定就有利润
   E. 若获得利润,则利润最大;若遭遇亏损,则亏损最小

5. 下列说法中,错误的有(　　)。
   A. 在产量的某一变化范围内,只要边际成本曲线位于平均成本曲线的上方,平均成本曲线一定向下倾斜
   B. 短期边际成本曲线在达到一定产量水平后趋于上升,是由边际收益递减规律造成的
   C. 长期平均成本曲线在达到一定产量水平后趋于上升,是由边际收益递减规律造成的
   D. 边际成本曲线与平均可变成本曲线相交于其最高点
   E. 边际成本曲线与平均可变成本曲线相交于其最低点

参考答案:1. (C,D)　2. (B,C,E)　3. (A,B)　4. (D,E)　5. (A,C,D)

四、判断改错题

1. 利润就是收益,收益最大化就是利润最大化。(×)
   改为:利润是收益与成本的差额,收益最大化并不一定就意味着利润最大化。

2. 只要总收益小于总成本,企业就应该停产。(×)
   改为:只要产品价格低于平均可变成本,企业就应该停产。

3. 平均成本曲线 AC、平均可变成本曲线 AVC 和边际成本曲线 MC 均呈倒 U 形。(×)
   改为:平均成本曲线 AC、平均可变成本曲线 AVC 和边际成本曲线 MC 均呈

U 形。

4. 短期边际成本实际上是相对可变成本而言的。（√）

5. 企业盈亏平衡时,获得的是经济利润。（×）

改为：企业盈亏平衡时,获得的是正常利润。

6. 边际成本就是总成本曲线的切线的斜率,但不是可变成本曲线的切线的斜率。（×）

改为：边际成本就是总成本曲线的切线的斜率,同时也是可变成本曲线的切线的斜率。

7. 边际成本曲线相交于平均成本曲线和平均可变成本曲线的最高点。（×）

改为：边际成本曲线相交于平均成本曲线和平均可变成本曲线的最低点。

8. 长期平均成本曲线的最低点所对应的产出量,被称为最佳工厂规模。（√）

9. 会计成本就是指隐性成本。（×）

改为：会计成本是指企业从事一项经济活动时所花费的货币支出,又称为显性成本。

10. 在一定的生产技术条件下,随着产量的增加,边际成本开始时逐渐下降,当边际成本下降到一定程度时,再增加产量边际成本反而会大幅度地上升。（√）

五、简答题

1. 企业在进行面向未来的决策时,应该如何对待沉没成本？请联系实际加以说明。

答：沉没成本是指不因新的决策而变化的成本,如决策前已经支出的成本或已经承诺支出的成本。沉没成本是已经沉到"海底"而无法收回的过去的成本,它与面向未来的企业决策是无关的,应采取"随它去"的超脱态度。正所谓"沉没成本已经沉没,过去的就让它过去吧"。

同时,需要联系实际至少举一例加以说明。

2. 试解释为什么短期平均成本曲线和长期平均成本曲线都呈 U 形。

答：短期平均成本曲线呈 U 形是与边际收益递减规律联系在一起的。在其他条件不变的前提下,随着一种可变要素投入量的连续增加,它所带来的边际产量先是递增的,这就意味着增加一单位产量所需要的边际成本是递减的。当可变要素投入到一定程度以后,增加的产量必定会出现逐渐递减的趋势,则意味着边际成本逐步递增。因此,短期边际成本曲线呈先降后升的 U 形。而平均量与边际量之间的关系为：只要边际量小于平均量,平均量下降；只要边际量大于平均量,平均量上升。所以,呈 U 形的边际成本曲线必定带来呈 U 形的平均成本曲线。

长期平均成本曲线呈 U 形是与规模经济和规模不经济联系在一起的。随着企业生产规模的扩大,经济效益提高,平均成本下降,此为规模经济;当企业的扩张达到一定程度以后,企业继续扩大生产规模的话,就会使经济效益下降,平均成本上升,此为规模不经济。一般来说,在企业的生产规模由小到大的扩张过程中,会先后出现规模经济和规模不经济,由此决定了长期平均成本曲线呈先降后升的U形。

3. 利润最大化原则是什么?为什么?

答:在经济分析中,利润最大化的原则是边际收益等于边际成本,即 $MR = MC$。这是因为:

(1)当 $MR > MC$ 时,企业每多生产一单位产品所增加的收益大于生产这一单位产品所增加的成本。这时,继续增加产量,企业仍会获得更多利润。因而,企业会不断扩大产量。

(2)当 $MR < MC$ 时,企业每多生产一单位产品所增加的收益小于生产这一单位产品所增加的成本。这时,继续增加产量,企业所获得利润会减少。因而,企业会逐渐缩小产量。

由此可知,只有当 $MR = MC$ 时,企业才会实现最大利润。

4. 企业在利润最大化的产量上是否肯定就有盈利?试解释之。

答:利润最大化并不意味着企业一定就有利润,企业在短期内既可能盈利,也可能亏损,当然还可能是持平的,即不亏不盈。之所以如此,是因为所谓利润最大化仅仅表明企业在现有的生产技术条件下,已经做到了最好。但即使做到最好,由于在短期内并非所有的生产要素都是可以及时得到调整的,因而也就可能无法保证企业必然获得利润,甚至还可能要遭遇亏损。换言之,在利润最大化的产量上,企业若获得利润,则利润最大;若遭遇亏损,则亏损最小。

在利润最大化的产量上,企业到底能不能真正获得利润,不是看边际收益和边际成本,而是看总收益和总成本,或者看平均收益和平均成本。如果在利润最大化的产量上,企业的总收益大于总成本(或者平均收益大于平均成本),则企业就是盈利的;反之,如果在利润最大化的产量上,企业的总收益小于总成本(或者平均收益小于平均成本),则企业就是亏损的,此时的利润最大化意味着亏损最小化;最后,如果在利润最大化的产量上,企业的总收益等于总成本(或者平均收益等于平均成本),则企业就正好不亏不盈。

5. 在短期生产决策中,企业为什么不应使用利润而要用贡献来作为决策的依据?

答:单位产量的利润等于价格减去单位变动成本和单位分摊固定成本。由于固定成本不会受到短期决策的影响,即在短期生产决策中,固定成本是沉没成本,属于非相关成本。因此,单位产量的利润并不能反映出短期决策引起的利润的变化,从而在短期生产决策中不能使用利润作为决策的依据。

贡献是指由决策引起的增量利润,等于由决策引起的增量收入减去决策引起的增量成本。如果产品的价格不变,那么,增加单位产量的增量收入就等于价格,增加单位产量的增量成本就等于单位变动成本,增加单位产量的贡献就等于价格减去单位变动成本。因此,在短期生产决策中,企业使用贡献作为决策的依据,恰好不必考虑作为沉没成本的固定成本,从而能准确地反映出短期决策引起的利润的变化。

六、计算题

1. 设某企业的短期成本函数为 $TC = 5Q^4 + 4Q^3 + 3Q^2 - 10Q + 2\,000$,试求:固定成本函数、可变成本函数、边际成本函数、平均成本函数、平均固定成本函数和平均可变成本函数。

解:根据题意,可得

$$FC = 2\,000, \quad VC = 5Q^4 + 4Q^3 + 3Q^2 - 10Q;$$

$$MC = \frac{dTC}{dQ} = \frac{d(5Q^4 + 4Q^3 + 3Q^2 - 10Q + 2\,000)}{dQ}$$
$$= 20Q^3 + 12Q^2 + 6Q - 10;$$

$$AC = \frac{TC}{Q} = \frac{5Q^4 + 4Q^3 + 3Q^2 - 10Q + 2\,000}{Q}$$
$$= 5Q^3 + 4Q^2 + 3Q - 10 + \frac{2\,000}{Q};$$

$$AFC = \frac{FC}{Q} = \frac{2\,000}{Q},$$

$$AVC = \frac{VC}{Q} = \frac{5Q^4 + 4Q^3 + 3Q^2 - 10Q}{Q} = 5Q^3 + 4Q^2 + 3Q - 10$$

2. 有一种产品,其市场价格为 4 元/件,可用三种不同的技术方案进行生产。A 方案技术装备程度最低,所以固定成本较低,为 20 000 元,但单位可变成本较高,为 2 元/件。B 方案技术装备程度中等,固定成本为 45 000 元,单位可变成本为 1.0 元/件。C 方案技术水平最高,固定成本为 70 000 元,单位可变成本为 0.5 元/件。问:

(1) 若预计销售量为 12 000 件,则应选择哪个方案?

(2) 三种方案各适合什么产量范围?

解:(1) 分别求出三种方案的总成本,总成本最低的方案最佳。

A 方案：$TC = FC + VC = 20\,000 + 2 \times 12\,000 = 44\,000$（元）；
B 方案：$TC = FC + VC = 45\,000 + 1.0 \times 12\,000 = 57\,000$（元）；
C 方案：$TC = FC + VC = 70\,000 + 0.5 \times 12\,000 = 76\,000$（元）。
故比较之下，当预计销售量为 12 000 件时，采用 A 方案最佳。

（2）因为三种方案的固定成本逐步增大，平均可变成本逐步减小，所以只有产量不断增加，才能弥补因采用固定成本高的方案而增加的总成本。这样，可以通过使 A、B 两个方案的总成本相等，即 $20\,000 + 2Q_1 = 45\,000 + Q_1$，求得临界产量 $Q_1 = 25\,000$（件）；使 B、C 两个方案的总成本相等，即 $45\,000 + Q_2 = 70\,000 + 0.5Q_2$，求得临界产量 $Q_2 = 50\,000$（件）；同时，企业总收益不能小于总成本，即 $4Q_0 \geqslant 20\,000 + 2Q_0$，这样，可以求得最低临界产量 $Q_0 \geqslant 10\,000$（件）。即：

A 方案适合的产量范围：10 000~25 000 件；
B 方案适合的产量范围：25 000~50 000 件；
C 方案适合的产量范围：大于 50 000 件。

3. 某企业正在考虑建造一个工厂。现有两个方案，方案 A 的短期生产成本函数为 $TC_A = 80 + 2Q_A + 0.5Q_A^2$，方案 B 的短期生产成本函数为 $TC_B = 50 + Q_B^2$。问：

（1）如果市场需求量仅有 8 单位产量，企业应该选择哪个方案？
（2）如果选择方案 A，市场需求量至少应该达到多少？
（3）如果该企业已经采用两个方案建造了两个工厂，目前的总生产任务为 40 单位产量，那么应如何在两个工厂之间分配产量以使总成本最低？

解：（1）当市场需求量仅有 8 单位产量时，则

$$AC_A = \frac{80 + 2 \times 8 + 0.5 \times 8^2}{8} = 16$$

$$AC_B = \frac{50 + 8^2}{8} = 14.25$$

故比较之下，如果市场需求量仅有 8 单位产量，企业应该选择 B 方案。

（2）如果选择 A，其平均成本至少应等于 B 或不高于 B，据此

$$\frac{80 + 2Q + 0.5Q^2}{Q} \leqslant \frac{50 + Q^2}{Q}$$

求解，可得 $Q \geqslant 10$。
故如果选择方案 A，市场需求量至少需要 10 单位产量。

(3) 为使该企业的总成本最低,必有 $MC_A = MC_B$。根据 $TC_A = 80 + 2Q_A + 0.5Q_A^2$ 和 $TC_B = 50 + Q_B^2$,可知

$$MC_A = \frac{\mathrm{d}(80 + 2Q_A + 0.5Q_A^2)}{\mathrm{d}Q_A} = Q_A + 2, \quad MC_B = \frac{\mathrm{d}(50 + Q_B^2)}{\mathrm{d}Q_B} = 2Q_B$$

所以,可建立方程组 $\begin{cases} Q_A + 2 = 2Q_B \\ Q_A + Q_B = 40 \end{cases}$,解之可得 $\begin{cases} Q_A = 26 \\ Q_B = 14 \end{cases}$。

可见,为使该企业的总成本最低,分配给 A 厂的任务是生产 26 单位产量,分配给 B 厂的任务是生产 14 单位产量。

4. 某企业生产 B 产品,其市场销售价格为 600 元/件,固定成本为 50 万元,单位产品变动成本为 100 元/件。要求计算:

(1) 盈亏平衡产量。

(2) 实现目标利润 15 万元时的目标产量。

解:(1) 由题意,知 $Q_0 = \dfrac{50 \times 10^4}{600 - 100} = 1\,000$(件)

即盈亏平衡产量为 1 000 件。

(2) 按要求,得 $Q_{\pi=15万元} = \dfrac{(50 + 15) \times 10^4}{600 - 100} = 1\,300$(件)

即实现目标利润 15 万元时的产量为 1 300 件。

5. 某企业从事 A、B、C、D、E、F 六种产品的生产,已知该企业的固定成本为 1 500 万元。现给出该企业各产品的销售额与贡献额(见表 5-1),试计算该企业盈亏平衡销售规模与盈利 1 000 万元时的销售规模。

表 5-1 企业相关产品的数据　　　　　　　　　单位:万元

产　品	销　售　额	贡　献　额
A	800	400
B	1 000	550
C	1 200	300
D	800	600
E	1 500	300
F	1 600	640

解：(1) 计算各产品的边际贡献率，即

$$m_A = \frac{400}{800} \times 100\% = 50\%, \quad m_B = \frac{550}{1\,000} \times 100\% = 55\%, \quad m_C = \frac{300}{1\,200} \times 100\% = 25\%$$

$$m_D = \frac{600}{800} \times 100\% = 75\%, \quad m_E = \frac{300}{1\,500} \times 100\% = 20\%, \quad m_F = \frac{640}{1\,600} \times 100\% = 40\%$$

(2) 按照各产品边际贡献率的高低依次排列，并计算有关参数，结果如表 5 - 2 所示。

表 5 - 2　按各产品边际贡献率高低排序的有关参数　　　单位：万元

产　品	TR	$\sum TR$	M	$\sum M$	$\sum M - FC$
D	800	800	600	600	−900
B	1 000	1 800	550	1 150	−350
A	800	2 600	400	1 550	50
F	1 600	4 200	640	2 190	690
C	1 200	5 400	300	2 490	990
E	1 500	6 900	300	2 790	1 290

(3) 盈亏平衡时的销售规模为 $TR_0 = 1\,800 + \dfrac{350}{50\%} = 2\,500$(万元)。

(4) 盈利 1 000 万元时的销售规模为 $TR_{\pi=1\,000\text{万元}} = 5\,400 + \dfrac{1\,000 - 990}{20\%} = 5\,450$(万元)。

6. 某企业生产所需要的配件可以由本企业自己生产，每件配件的生产成本为 9 元，其中包括材料费 3.9 元、人工费 2.4 元、分摊的间接费用 2.7。假如明年生产所需要的这种配件比往年增加 1.5 万件，由于本企业生产这种配件的设备能力有富余，因此不需要增加设备投资和管理费用等分摊的间接费用，但需增加材料费和人工费。另外，这 1.5 万件配件也可以每件 5.8 元的价格外购。请问该企业是自制还是外购？

解：自制方案的增量成本 $\Delta C_1 = (3.9 + 2.4) \times 15\,000 = 94\,500$(元)。

外购方案的增量成本 $\Delta C_2 = 5.8 \times 15\,000 = 87\,000$(元)。

可见，自制比外购要多支出 7 500 元(94 500 元 − 87 000 元 = 7 500 元)，所以，该企业应选择外购这 1.5 万件配件。

7. 某公司使用同一设备既可生产甲产品,也可生产乙产品。假如设备的最大生产能力为 12 300 定额工时,生产甲产品每件需 80 定额工时,生产乙产品每件需 90 定额工时,甲产品最大销售量为 120 件,乙产品最大销售量为 145 件,这两种产品的销售单价和成本数据,如表 5-3 所示。试问该公司应该如何来安排甲、乙两种产品的生产呢?

表 5-3 两种产品的相关数据　　　　　　　　　　单位:万元

产　品	销售单价	单位变动成本	固定成本总额
甲产品	185	125	20 000
乙产品	110	65	

解:由题意,知

$$生产甲产品单位工时的贡献 = \frac{185-125}{80} = 0.75(元)$$

$$生产乙产品单位工时的贡献 = \frac{110-65}{90} = 0.5(元)$$

因 0.75 元>0.5 元,故生产甲产品单位工时的贡献大于乙产品单位工时的贡献。因此,该公司应首先把工时安排用于生产产品甲,也就是应生产甲产品达到其最大销售量 120 件。

剩余的工时用于生产产品乙,可生产

$$\frac{12\ 300 - 80 \times 120}{90} = 30(件)$$

所以,该公司应生产甲、乙两种产品分别为 120 件和 30 件。

5.3 案例分析

案例 5-1　　排队等待加油的机会成本

由于1980年春汽油价格管制的原因,契夫隆加油站被要求将汽油价格降低至低于其他主要加油站的水平,从而使得一项实验得以进行。在这项实验中,消费者们揭示了有关他们购买汽油所用时间的机会成本的信息。

在这项实验中,有 109 位在契夫隆加油站的消费者和 61 位在附近其他竞争对手加油站的消费者接受了调查。消费者可以在毋需等候或稍等片刻购买高价汽油和在契夫隆加油站等待 15 分钟左右购买廉价汽油之间作出选择。

许多被调查者选择排队等待购买契夫隆加油站的汽油,可能是因为他们认为其等待的时间价值低于购买廉价汽油所节省的钱。假定某人在契夫隆加油站需等待 20 分钟,购买 10 加仑汽油,每加仑汽油节省 0.25 美元,则共计可以节省 2.5 美元,其时间成本是每 20 分钟 2.5 美元,或者是每小时 7.5 美元。假设另外一个人选择了在其他加油站购买汽油,而无需等待,可见他购买汽油所用时间的机会成本必定高于每小时 7.5 美元。可以预计,个人的收入越高,他排队购买汽油的时间机会成本就越高。

这个例子表明消费者或者企业的决策,是典型的基于经济成本或者机会成本的,而并非是基于会计成本的。每个人都可以在契夫隆加油站节约钱,从而产生会计利润,但许多人并不这样做,因为机会成本太高。

资料来源:http://jpkc.hnu.cn/xfjjx/Html/Root/Index.htm.

【案例思考】

1. 结合本案例说明什么是机会成本?
2. 机会成本对我们日常生产生活中的经济决策有什么样影响?

【分析提示】

1. 所谓机会成本,是指如果一种生产要素被用于某一特定用途,它便放弃了在其他各种用途上可能获取的收益,这其中的最大收益就是这种生产要素用于这一特定用途的机会成本。从更为广泛的意义上来说,机会成本即作出一项决策时所放弃的其他可供选择的最好用途。在本案例中,消费者如果排队等待购买契夫隆加油站的廉价汽油,那么等待的时间内其所放弃或丧失的在其他方面可能得到的最大收益(不仅限于经济上的收益),就是他们排队等待加油的机会成本。

2. 消费者或者企业的经济决策应该是基于经济成本或者机会成本的,而并非是基于会计成本的。机会成本并不是实际发生的成本,但在日常生产生活中进行经济决策时,又不能不考虑,有时甚至要斤斤计较。在具体的决策过程中,必须把其他备选方案可能获得的潜在收益,作为被选取方案的机会成本进行综合评判,这样才能对中选方案的经济效益作出正确的评价,这样的决策才是有效的。

（此处可结合具体实例加以说明。）

案例 5-2　裁员的短期成本和长期成本

通常，当财务状况艰难时，企业会采用裁员这样一个简便的方法以期改善财务状况。砍掉一些管理费用以图回报，对吗？不一定。根据一家人力资源顾问公司的创立人 Bill Bliss 的看法，裁员通常并不能有所回报，他说："裁员实际上最终将付出更大的代价。"

一个公司该如何评估裁员所涉及的所有短期和长期成本，从而确保其是一项正确的措施呢？从短期来看，公司将发生遣散费和福利费用，其他间接和直接的费用也随之出现，这些成本将使得解雇变得不那么吸引人了。从长远看，一旦公司业务再次转暖，较之企业主将要花在重新招募员工上的费用，所节省的成本就太微不足道了。

"执行解雇的公司发现，要想降低成本，在短期内会付出一定的代价。"Center for Workforce Effectiveness 的合伙创始人 N. Fredric Crandall 这样说。除了遣散费和福利费，还要付应计的休假和新职介绍费。

根据 Bliss 的看法，还有其他短期成本需要考虑。他说："辞退员工需要花费时间。"经理们不得不花时间坐下来，委婉地把坏消息告诉给员工、整理书面报告、重新安排工作给留下的员工，并培训他们如何完成新分配的工作，而且还要处理其他与解雇直接有关的员工问题。所有这些既费时，又费钱。

裁员对幸运留下的员工的影响不是很明显，但仍有很重要的短期财务影响。"士气直接影响生产率。"Bliss 说。他估计，每个被解雇员工每周将花费公司该空缺职位薪酬和福利的 50%，即便有人在行使这些职责。如果该职位完全空缺的话，这个比例会上升到 100%。其他间接的成本包括损失知识、技能、联络人，以及顾客。这些都很难量化，但是在决定解雇员工的短期成本方面却是真实的因素。

从长远看，一个企业最初节省的成本可被随之发生的费用所抵消。"我所见到的最可笑的事情是，公司也许在短期内使得平衡表看上去很漂亮，但是后来又不得不重新雇用员工。"HR Advice.com 公司的负责人、高级人力资源专家 Bob Hoffman 说。本质上，只有当公司不需要重新雇用员工时，成本节约才真实。而在大多数情况下，这段时间并不长。Crandall 说："解雇员工后，大多数公司发现，在 18 个月内它们又回到了解雇员工前的用工水平。"他补充说，几乎没有公司可以从裁员上获得长远的利益。

从裁员产生的长远影响可以看出,它使公司产生了一些重要费用,尤其是当组织决定需要重新雇用员工时。老板将为吸引有价值的人才而支付额外费用,包括招聘和筛选应聘人员的成本。老板还必须使新员工适应新的工作环境,并且在这些新员工变得老练起来的过程中,还得让主管人员提供其他指导和支持。

根据 Crandall 的看法,这就产生了机会成本。"如果公司保留已解雇员工可获得的生产率与新人在熟悉工作中的生产率之间的差额,该费用可以达到两倍或者三倍于被解雇人员的年薪,是新人年薪之外的一项额外费用。"他补充道。所以,裁员真的值得一试吗?乍一看,裁员似乎是个简便的解决办法,但是从长期看,其实不是一个合算的战略性决议。

资料来源:于卫东主编.管理经济学.化学工业出版社,2006.

【案例思考】

1. 结合案例回答:裁员是企业的有益之举吗?
2. 你认为企业可以采取哪些措施来替代裁员,从而实现对人工成本的控制?

【分析提示】

1. 裁员未必是企业的有益之举。在短期中,企业因裁员可以减少大量显性支出,包括工资、福利、奖金、社会保险、办公费用等。裁员也将使得企业支付一定的遣散费和经济补偿金,其他间接和直接的费用也随之出现。比如,辞退员工需要花费的时间,损失知识、技能、联络人以及顾客,对留下来的员工士气的影响等。从短期来看,裁员对企业人工成本的控制或许是有效的,并可能带来财务状况的暂时改善。但是,在长期中,当企业决定需要重新雇用新员工的时候,需要支付招聘、筛选、录用和培训的费用,尤其是将为吸引有价值的人才而支付额外费用,况且重新招聘到合适的优秀人才,恐怕不像所想象的那般容易。另外,裁员还容易引起消费者对该企业的不信任感,影响社会对该企业的评价,从而削弱其在市场上的长期品牌价值和社会形象。这些代价会在很大程度上抵消或超过企业通过裁员所获得的短期收益。因此,从长期看,裁员并非是企业的长远之计,更不是一个合算的战略性决策。

2. 企业可以考虑采用变动薪酬(即根据业绩与贡献计算薪酬)、限制性雇用、缩短工作时间、减少晋升、暂时解聘、提前退休、转岗分流等积极的措施来替代裁员。同时,要改变招聘模式,改变过去那种"看工作需要就招"的习惯做法,应该考虑岗位合并进行战略性招聘,并有效推行人力资源集约化管理。

案例 5-3 薄利多销与涨价滞销

某街道面包厂,已有几十年生产面包的经验,主要向本市居民区、车站、码头、中小学供应新鲜面包,建立了一定的销售网点,也赢得了顾客们的信任。面包厂的主要竞争对手是蛋糕厂和盒式快餐厂,它们分别占有了自己的顾客,建立了各自的销售渠道。

国家调高粮食价格 10%,面包厂获悉后,召开公司领导会议,讨论对策。经过激烈的争论,最后决定面包基本上不涨价,把原材料涨价引起的成本上升,通过扩大销售规模消化,结果每只面包的固定成本下降、可变成本仅上升 5%(涨价前每只面包固定成本与可变成本约 1∶9),日销售量从原来的 5 万只上升到 8.5 万只。与面包厂相反,蛋糕厂不假思索地在原来价格上加上 10%。结果,消费者同样花 1 元钱,购买面包的效用,粮食调价前后不变,而购买蛋糕的效用下降 10%,面包的相对效用上升,消费者的选择发生了变化,蛋糕购买者大幅度减少,面包消费者大幅度增长。面包厂采用不涨价的策略,实现了薄利多销,帮助企业渡过了难关。虽然成本利润率从 10%下降到 5.8%,但是,总利润反而增加约 2%。这是为什么?

资料来源:池仁勇主编.管理经济学.科学出版社,2005.

【案例思考】

1. 在粮食涨价的背景下,蛋糕厂的应对策略存在什么不妥当的地方?
2. 请用盈亏平衡分析法对案例中的现象作出解释。

【分析提示】

1. 在粮食涨价的背景下,蛋糕厂对于竞争对手面包厂所采取的"薄利多销"经营策略,没有进行深入的分析和研究,忽视了面包和蛋糕之间存在着相互替代的竞争关系,而不假思索地在蛋糕原来价格的基础上加价 10%。结果,消费者购买蛋糕获得的效用相对于购买面包而言,下降了 10%,致使消费者的选择发生了转移,蛋糕购买者大幅度减少,蛋糕销售出现"涨价滞销"。

2. 面包厂通过扩大销售规模使面包的单位可变成本 AVC 仅上升 5%,而固定成本 FC 和价格 P 不变。根据盈亏平衡产量公式 $Q_0 = \dfrac{FC}{P - AVC}$ 可知,盈亏平衡产量略有上升,而实际的销售量增长率为 $\frac{8.5-5}{5} \times 100\% = 70\%$,这就产生了新的利润增长空间,从而使得面包的成本利润率从 10% 下降到 5.8%,但是总利润反而增加 2%。

蛋糕厂在蛋糕原来价格的基础上加价 10%,而固定成本 FC 不变,粮食价格上调 10% 将使得蛋糕的单位可变成本 AVC 上升幅度接近 10%。根据盈亏平衡产量公式 $Q_0 = \frac{FC}{P - AVC}$ 可知,盈亏平衡产量略有下降,而实际的销售量却大幅度下降,从而使得总利润大幅度减少。

案例 5-4
闲暇时间产品(LTP)公司的决策

闲暇时间产品(LTP)公司制造草坪和天井家具。大多数产品卖给批发商和五金百货零售连锁店(如 True Value 和 Montgomery Ward),再由它们按相关品牌分销这些产品,LTP 不参与直接零售。去年该公司的销售额为 3 500 万美元。

LTP 的一个事业部制造折叠椅,这种椅子销售的季节性很强,80% 的销售量集中在 1—6 月。正常的生产集中在 9 月至次年 5 月,在 6—8 月的减产期内,大约 75% 的小时工(非技术工人和半技术工人)被解雇(或去度有薪假期),余下的劳动力包括拿薪水的工厂管理人员(线上经理和工长)、维修人员和职员,他们在销售淡季内被保留下来。比如,维修人员在夏天淡季中要完成机器大修。

LTP 公司计划在来年生产并销售 500 000 把这种椅子,计划销售价格为每把 7.15 美元,单位成本估算如表 5-4 所示。

表 5-4 单位成本估算表   单位:美元

直接人工	2.25
原材料	2.30
工厂间接费用	1.15
管理和销售费用	0.80
合计	6.50

在单位成本上加上10％的加成额(0.65美元)，就得到该厂的销售价格7.15美元(加上运费)。

LTP公司5月间收到来自东南百货公司的要求，有可能购买这种折叠椅，并要求在8月份送货。东南公司声明，若单价不超过5.50美元(加上运费)，就会下一个30 000把椅子的订单，这些椅子可以在淡季用该企业现有的设备和劳动力进行生产，完成这个订单也不必向工人支付加班工资，手上拥有完成此订单的足够原材料(或者也可以按现行市价购买)。

LTP公司的管理人员正在考虑是否接受这个订单。该企业的总会计师认为，不该接受此订单，因为每把椅子的价格低于总成本，对企业的利润没有丝毫贡献。该厂的总经济师认为，只要增量收益超过增量成本就应该接受这个订单。

下面的成本会计定义可对分析这个决策有帮助：

● 直接工人——把原材料转换成最终产品时，所发生的劳动成本。

● 原材料——进入最终产品，并成为最终产品一部分的各种材料。

● 工厂间接费用——与产品有关的、直接人工和原材料以外的所有成本，包括支付给不直接制造产品，但其服务与生产过程有关的员工(如直线经理、维修人员和看门人)的工资和薪金、取暖、照明、动力、供应、折旧、税收，以及生产过程中所使用资产的保险等。

● 推销和分销成本——产品营销时发生的成本(如广告和推销员的薪酬)，储存产品和把产品运给顾客的费用。(在此例中，顾客支付所有的运输成本。)

● 行政管理成本——上面没有列出的项目，包括总经理和主管人员的成本，研究、开发、工程成本，以及杂项支出。

资料来源：许玖平，黄云歌主编.管理经济学概论.高等教育出版社，2006.

【案例思考】

1. 计算LTP公司接受东南百货公司订单后，每把椅子的增量(边际)成本。
2. 在计算问题的增量成本时，你作了什么假设？在进行计算过程中还有什么其他信息对你有帮助？
3. 根据上面两个问题的答案，LTP公司是否应该接受东南百货公司的订单？
4. 还有什么其他因素可能使LTP公司拒绝这个订单？

【分析提示】

1. LTP公司接受东南百货公司订单后，每把椅子的增量(边际)成本为

增量(边际)成本＝直接人工＋原材料＝2.25＋2.30＝4.55(美元)

2. 在计算问题的增量成本时,假设工厂间接费用、管理和销售费用为沉没成本。即在计算问题的增量成本时,对与产品有关的、直接人工和原材料以外的所有成本,推销和分销成本,行政管理成本等费用没有加以考虑。

在进行计算过程中,起到帮助作用的信息还有:① 在6—8月的减产期内,大约75%的小时工(非技术工人和半技术工人)被解雇(或去度有薪假期),余下的劳动力包括拿薪水的工厂管理人员(线上经理和工长)、维修人员和职员,他们在销售淡季内被保留下来;② 这些椅子可以在淡季用该企业现有的设备和劳动力进行生产,完成这个订单也不必向工人支付加班工资,手上拥有完成此订单的足够原材料(或者也可以按现行市价购买)。

3. 由于每把椅子的增量收入5.50美元大于增量成本4.55美元,说明这一新的决策能够为企业增加利润,因而LTP公司应该接受东南百货公司的订单。

4. ① 如果接受东南百货公司的订单会使LTP公司的取暖、照明、动力、税收、杂项支出等费用大幅度上升;② 接受东南百货公司的订单会使得必要的机器大修和保养不能如期完成,进而影响到9月至次年5月的正常生产;③ 接到价格更高的订单;等等。这些因素都可能使LTP公司拒绝这个订单。

第六章

市场结构与企业经营决策

6.1 本章要点

1. 从竞争程度来划分,市场可以分为完全竞争、完全垄断、垄断竞争和寡头垄断等四种市场结构类型。其中,第一种是完全竞争条件下的市场结构,后三种是不完全竞争条件下的市场结构。

2. 买者和卖者众多、产品同质无差别、生产要素自由流动和市场信息充分畅通,是完全竞争市场的基本特征;企业与行业完全重合、企业的产品没有任何相近的替代品和其他企业进入市场存在着极大的障碍,是完全垄断市场的基本特征;买者和卖者足够多、产品之间存在差别、进入市场比较容易和信息不完全,是垄断竞争市场的基本特征;企业之间相互依存、企业行为的结果具有不可预知性、市场相对稳定和进入市场的限制极大,是寡头垄断市场的基本特征。

3. 完全竞争市场中,单个企业的需求曲线是一条水平直线 $P = AR = MR$,即需求曲线、平均收益曲线以及边际收益曲线这三条线是重合的。而行业需求曲线为一条向右下方倾斜的曲线,为该行业所有企业的需求曲线之和。完全竞争市场行业的长期供给曲线,有成本递增型、成本不变型和成本递减型等三种情形。完全竞争市场行业的需求曲线与供给曲线之交点,决定了市场的均衡价格。完全竞争企业只能接受由行业总需求和总供给决定的既定价格,不存在价格决策问题。

4. 在完全竞争市场条件下,企业短期均衡的必要条件为 $MC = MR = P$。在均衡点处,可能存在下列情形:当 $P > AC$ 时,企业获得超额利润;当 $P = AC$ 时,企业利润为零;当 $AVC < P < AC$ 时,企业亏损,但可继续生产;当 $P \leqslant AVC$ 时,企业停止营业。完全竞争企业实现长期均衡的条件为 $MR = AR = LMC = LAC = SMC = SAC$,企业通过对生产规模的不断调整,逐渐消除利润和亏损,实现均衡。

5. 在完全垄断市场条件下,企业的平均收益曲线与需求曲线重合,是一条向右下方倾斜的曲线,企业的边际收益曲线 MR 也向右下方倾斜,并且低于 AR 曲线。完全垄断企业的短期均衡遵循 $MR = MC$ 原则。在均衡点处,可能存在下列情形:当 $P > AC$ 时,企业获得超额利润;当 $P = AC$ 时,企业利润为零;当 $AVC < P < AC$ 时,企业亏损,但可继续生产;当 $P \leqslant AVC$ 时,企业停止营业(这与完全竞争相同)。完全垄断企业长期均衡条件为 $MR = LMC = SMC$,$SAC = LAC$。垄断企业依此逐渐调整生产规模,实现在长期内获得最大利润。一般而言,垄断主要来自对资源的控制、专利所有权、显著的规模经济性、特许权和品牌忠诚度等因素。

6. 在垄断竞争市场条件下,企业短期均衡条件依然要满足 $MR = MC$,只是与完全垄断企业的需求曲线相比,垄断竞争企业的需求曲线要平坦一些。具体来说,垄断竞争企业在短期也可能出现以下几种情况:获得超额利润、获得正常利润、有亏损但继续生产和有亏损停产。垄断竞争企业长期均衡条件为 $MR = LMC = SMC$,$AR = LAC = SAC$。在企业的长期均衡产量上,企业的经济利润为零。一般来说,垄断竞争企业更着重于产品质量、服务竞争及广告竞争等非价格竞争手段。

7. 在寡头垄断市场条件下,企业的均衡产量和产品的均衡价格至今为止尚没有一套完整的理论模型。就目前而言,比较常见的是以寡头企业是否存在勾结性为标准,将寡头市场区分为勾结性寡头市场与非勾结性寡头市场进行分析研究。

8. 从管理经济学的视角来看,完全竞争市场是最理想的市场结构,它的经济效率最高。随着市场中垄断因素的加强,经济效率逐渐下降。在垄断竞争的市场条件下,最能够促进技术创新,有利于经济效率的提高;而完全垄断和寡头垄断的市场结构比较有利于规模经济效应的发挥,对于那些规模经济十分显著的产品有必要安排一种完全垄断或寡头垄断的市场类型。

6.2 习题与解答

一、名词解释

1. 完全竞争市场:是指一种竞争不受任何阻碍和干扰的市场结构。它的最大特点是市场价格完全由供求关系决定,任何市场主体都是既定价格的接受者。

2. 完全垄断市场:是指整个行业的市场完全处于一家生产企业所控制状态的市场结构。

3. 垄断竞争市场:是指一种既有垄断又有竞争,既不是完全竞争又不是完全垄断的市场结构。

4. 寡头垄断市场：是指少数几家企业控制了一个行业的全部或大部分产品的供给，而且每家企业的产量都占有相当大份额的市场结构。

二、单项选择题

1. 完全竞争企业不能控制（　　）。
   A. 产量　　　　B. 价格　　　　C. 成本　　　　D. 生产技术
2. 对于一个垄断企业而言，它的边际收益（　　）。
   A. 大于价格　　B. 等于价格　　C. 小于价格　　D. 曲线是水平线
3. 下列行业中，最接近完全竞争模式的是（　　）。
   A. 飞机制造业　B. 农业　　　　C. 汽车制造业　D. 日用品行业
4. 在任何市场上，产品的平均收益曲线可以由（　　）。
   A. 它的产品供给曲线表示　　　B. 行业的产品供给曲线表示
   C. 它的产品需求曲线表示　　　D. 行业的产品需求曲线表示
5. 某完全竞争企业正在生产每日总收益为 5 000 元的产量，这是其利润最大化的产量。该企业产品的平均成本是 8 元/单位，边际成本是 10 元/单位，则该企业的每日产量是（　　）。
   A. 500 单位　　B. 200 单位　　C. 625 单位　　D. 1 000 单位
6. 完全垄断企业短期均衡时（　　）。
   A. 企业一定能获得超额利润
   B. 企业一定不能获得超额利润
   C. 企业只能获得正常利润
   D. 取得超额利润、取得正常利润和亏损三种情况都可能发生
7. 如果以利润最大化为目标的企业的边际收益小于边际成本，那么该企业（　　）。
   A. 应增加其产量　　　　　　　B. 应减少其产量
   C. 必然获得经济利润　　　　　D. 必然亏损
8. 垄断企业能够成为价格的制定者，原因在于（　　）。
   A. 该行业有许多企业
   B. 在市场价格下，垄断企业可以销售它希望销售的任何数量的产品
   C. 垄断企业的需求曲线弹性无穷大
   D. 垄断企业生产了该行业的全部产品
9. 在一般情况下，企业产品的市场价格若低于（　　），就应停止生产。
   A. 平均成本　　　　　　　　　B. 平均可变成本
   C. 边际成本　　　　　　　　　D. 平均固定成本

10. 行业产量增加时生产要素的价格下降,从而导致产品成本下降,则该行业是( )。
   A. 成本递增行业   B. 成本不变行业
   C. 成本递减行业   D. 以上任何一个

参考答案:1. (B) 2. (C) 3. (B) 4. (C) 5. (A) 6. (D) 7. (B) 8. (D) 9. (B) 10. (C)

三、多项选择题

1. 下列选项中,属于完全竞争市场特点的有( )。
   A. 市场上有许多销售者和购买者
   B. 同类商品同质无差别
   C. 各种生产要素可自由流动
   D. 市场信息可在市场中自由流动
   E. 企业可以自主定价

2. 在完全竞争市场条件下,企业在长期均衡时( )。
   A. 企业可能发生亏损
   B. 企业的所有投入要素都是可变的
   C. 企业既无盈利也无亏损
   D. 企业可能会盈利
   E. 行业内企业的进入和退出不复存在

3. 经济学家们在分析问题时常用的四种市场结构包括( )。
   A. 完全竞争   B. 完全垄断
   C. 垄断竞争   D. 寡头垄断
   E. 适度竞争

4. 大部分市场都是不完全竞争市场,主要原因是( )。
   A. 企业有追求规模经济的倾向   B. 消费者的数量太多
   C. 进入壁垒的出现   D. 企业的数量太多
   E. 完全竞争市场所应具备的条件无法完全满足

5. 寡头垄断行业一般具有的特点是( )。
   A. 企业数目极少,新的企业加入该行业比较困难
   B. 产品既可同质,也可存在差别
   C. 企业之间相互依存
   D. 企业的行为具有不确定性
   E. 非价格竞争变得更加重要

参考答案：1.（A,B,C,D） 2.（B,C,E） 3.（A,B,C,D） 4.（A,C,E） 5.（A,B,C,D,E）

四、判断改错题

1. 完全竞争企业面对的需求曲线由市场价格所决定,故其完全缺乏弹性。（×）

改为：完全竞争企业面对的需求曲线由市场价格所决定,故其具有完全价格弹性。

2. 垄断企业可以任意制定价格。（×）

改为：垄断企业的产品定价同样要受到市场供求规律的制约,以及政府的价格管制。

3. 垄断企业出现亏损是不可能的。（×）

改为：垄断企业在短期内既可能盈利,也可能亏损,当然还可能是持平的。

4. 垄断竞争市场的资源配置效率要高于完全竞争市场。（×）

改为：完全竞争市场的资源配置效率要高于垄断竞争市场。

5. 垄断竞争与完全竞争的关键区别是前者存在产品差别。（√）

6. 不完全竞争市场的共同特征是,企业产品的市场价格低于边际成本。（×）

改为：不完全竞争市场的共同特征是,企业产品的市场价格高于边际成本。

7. 完全竞争企业实现长期利润最大化时,就不可能出现亏损。（√）

8. 与完全竞争市场相比,垄断市场的产量较大而价格较高。（×）

改为：与完全竞争市场相比,垄断市场的产量较低而价格偏高。

9. 企业之间关系最密切的市场是垄断竞争市场。（×）

改为：企业之间关系最密切的市场是寡头垄断市场。

10. 虽然很高的固定成本是企业亏损的原因,但是永远不会是企业停产的原因。（√）

五、简答题

1. 为什么完全竞争中的企业不愿为产品做广告而花费任何费用？

答：企业进行广告宣传的目的在于说明产品的特征、向消费者传递一种信息,影响和诱导消费者购买。而在完全竞争市场上,企业生产的产品是同质而无差别的,消费者对市场掌握完全的信息。同时,完全竞争企业是既定价格的接受者,它能够按照市场价格卖出愿意出卖的任何数量的产品。因此,完全竞争中的企业没有必要做广告,当然也就不愿为产品做广告而花费任何费用了。

2. 为什么利润最大化原则 $MC = MR$ 在完全竞争条件下可以表述为 $MC = P$？

答：在完全竞争市场条件下,每个企业能够按照市场既定的价格卖出愿意出卖的任何数量的产品,故单个企业的需求曲线是一条水平线。即不管产销量如何变动,单位产品的价格始终不变,为一个常数。因此,企业每销售一单位产品所获得的边际收益 MR 恒等于固定不变的产品价格 P。由于利润最大化的原则 $MC = MR$ 在任何市场条件下均成立,于是,利润最大化原则 $MC = MR$ 在完全竞争条件下可以表述为 $MC = P$。

3. 在长期均衡点,完全竞争行业中每个企业的超额利润均为零,因而当产品持久性需求减少而导致价格下降时,所有这些企业都将无法继续经营。这种说法对吗?为什么?

答: 这种说法不对。在最初的长期均衡状态时,完全竞争行业中每个企业的超额利润均为零。当产品持久性需求减少而导致价格下降时,行业内的企业随之会产生亏损。因为需求减少是长期的,这种亏损就会使一些企业缩小生产规模,也会有一部分企业退出这一行业,使得该行业的供给曲线向左移动,引起市场价格上升,这种趋势会一直延续到亏损额消失为止。这时,市场又实现了新的长期均衡。

4. 请解释为什么在成本递增型完全竞争行业中,企业的退出很可能引起产品价格的下降。企业的退出可能是什么原因造成的?

答: 成本递增型行业是指当整个行业的产量增加后,产品的平均成本会上升的行业。反过来说,在成本递增型行业中,当整个行业的产量减少后,产品的平均成本就会下降。企业的退出,将导致行业的生产规模不断缩小,产品的平均成本亦随之下降,若降幅达到一定的程度,就很有可能引起产品价格的下降。

在最初的长期均衡状态时,完全竞争行业中每个企业的超额利润均为零。当市场需求增加后,市场价格的提高使得完全竞争企业能获得超额利润,从而吸引着许多新企业的进入,这样导致了整个行业生产规模的扩张,产品的平均成本亦随之上升。此时,如果行业的生产规模扩张过快,使得行业的平均成本高于产品价格,企业就会产生亏损,一部分企业可能选择退出这一行业,直到亏损额消失为止。

5. 垄断企业是价格的制定者,这是否意味着成为垄断者的企业可以任意定高价?为什么?

答: 尽管垄断企业是价格的制定者,对价格有完全控制能力,但并不意味着成为垄断者的企业可以任意定高价。因为垄断企业的需求曲线就是行业的需求曲线,是向右下方倾斜的,价格越高,需求量就会越小,因此,高价格不一定能带来最大利润。对垄断企业来说,为了谋求利润最大化,必须根据 $MR = MC$ 的原则确定最优价格和最优产量,而绝不是将价格定得越高越好。另外,政府也会对垄断企业的定价行为在一定程度上进行管制。

6. 许多城市都成功建有颇具地方特色的风味小吃一条街,但却很少有能够成功建设旅馆一条街的。为什么?

答:风味小吃一条街上的小吃店所出售的小吃食品各有特色,互不相同,因此各店之间不是纯竞争的关系,相反会形成协同效应吸引大量的消费者。例如,慕名而来购买某品牌小吃的顾客,可能会顺便消费其他一些特色食品,从而各种小吃食品的顾客群会由于其他小吃食品的存在而变大。而旅馆一条街则不然,在消费者眼里,旅店的位置和价格是决定选择哪一家旅馆的关键因素,人们不会远离目的地而特地住到旅馆一条街。由于旅客人数相对稳定,集中在一条街上建立很多家旅馆,不仅不会增加多少旅客人数,还会导致各旅馆之间相互争夺顾客,引发价格战。

六、计算题

1. 假设完全竞争市场中某商品的需求函数和供给函数分别为 $Q_d = 50\,000 - 2\,000P$ 和 $Q_s = 40\,000 + 3\,000P$,其中 Q_d、Q_s 均以千克为单位,P 以百元/千克为单位。试求:

(1) 该商品的市场均衡价格和均衡销售量。

(2) 企业的需求函数。

解:(1) 依题意,得

$$\begin{cases} Q_d = 50\,000 - 2\,000P \\ Q_s = 40\,000 + 3\,000P \\ Q_d = Q_s \end{cases}$$

解之,得 $\begin{cases} P = 2(百元/千克) \\ Q_d = Q_s = 46\,000(千克) \end{cases}$

(2) 在完全竞争市场中,企业的需求曲线是由市场的均衡价格决定的,故企业的需求函数为 $P = 2$。

2. 完全竞争行业中某企业的短期成本函数为 $TC = Q^3 - 6Q^2 + 30Q + 40$,假设产品价格为 66 万元/台。求该企业利润最大时的产量及利润总额。

解:由 $TC = Q^3 - 6Q^2 + 30Q + 40$,得

$$MC = \frac{dTC}{dQ} = \frac{d(Q^3 - 6Q^2 + 30Q + 40)}{dQ} = 3Q^2 - 12Q + 30$$

当利润最大时,则 $MC = P$,即 $3Q^2 - 12Q + 30 = 66$,可得 $Q = 6$(台)。

所以,$\pi = TR - TC = 66 \times 6 - (6^3 - 6 \times 6^2 + 30 \times 6 + 40) = 176$(万元)。

3. 一家完全垄断企业,它的总成本函数为 $TC = Q^3 - \frac{3}{2}Q^2 + 60Q$,它的需求

曲线为 $P = 180 - 6Q$，其中 Q 以台为单位，P 以万元/台为单位。如果该企业谋求利润最大化，应如何确定它的最优价格和最优产量？此时的总利润是多少？

解：由 $TC = Q^3 - \dfrac{3}{2}Q^2 + 60Q$ 和 $P = 180 - 6Q$，得

$$MC = \frac{dTC}{dQ} = \frac{d\left(Q^3 - \dfrac{3}{2}Q^2 + 60Q\right)}{dQ} = 3Q^2 - 3Q + 60$$

$$TR = P \cdot Q = (180 - 6Q)Q = 180Q - 6Q^2$$

$$MR = \frac{dTR}{dQ} = \frac{d(180Q - 6Q^2)}{dQ} = 180 - 12Q$$

当 $MR = MC$ 时，企业利润最大，即

$$180 - 12Q = 3Q^2 - 3Q + 60$$

可得 $Q = 5$（台）。将 $Q = 5$ 代入需求函数、总收益函数和总成本函数，得

$$P = 180 - 6 \times 5 = 150（万元）$$

$$TR = 180 \times 5 - 6 \times 5^2 = 750（万元）$$

$$TC = 5^3 - \frac{3}{2} \times 5^2 + 60 \times 5 = 387.5（万元）$$

$$\pi = TR - TC = 750 - 387.5 = 362.5（万元）$$

故该企业最优价格为 150 万元/台，最优产量为 5 台，此时的总利润为 362.5 万元。

6.3 案例分析

案例 6-1　可可产业与竞争模型

人们常说，如果不存在诸如价格支持和种植面积限制的政府干预，完全竞争模型会很好地适用于农业产业。人们还认为，如果不存在旨在稳定市场的国际商品协定，某些世界商品市场也非常接近完全竞争型市场。

然而,可可市场的情况却完全不是如此。多年以来,总部位于伦敦的世界可可组织(ICCO)曾为世界可可产业提供了价格支持。该组织在可可生产过剩时收购多余产品,而在产品短缺时出售可可。然而到了20世纪90年代,可可市场的情况仍是一团糟。可可价格水平从1977年的最高峰每吨5 500美元降低到每吨不到850美元,而且可可生产者们仍旧看不到市场状况改善的迹象。1977年的可可短缺,不仅导致了5 000多美元的可可天价以及巨大的产业利润,而且促使很多热带地区国家新的生产者大面积种植可可树。当这些可可树长成之时,可可供给曲线迅速右移,致使可可价格急剧下降。

人们都知道,可可生产主要发源于一些大型可可种植园,这些种植园的所有者的祖先在一个多世纪之前作为探险者而来到热带国家,并开发这里的土地。然而,与这些第三代或第四代富有的种植园主共存的,还有很多更小的种植者。仅仅在巴西东北部的贫困地区,便有两万多个可可种植园。在西非、马来西亚以及印度尼西亚,也存在很多小型可可种植园。

正如前面提到的,20世纪70年代末的暴利导致了新企业对可可产业的进入。当新种植的可可树长成之时,价格便开始走下坡路,因为有太多的新种植者向市场提供了太多的产品。国际可可组织和各可可生产国政府所作出的努力,对市场供给状况只产生了很有限的影响。

在20世纪90年代初,国际可可组织经过艰苦的努力,签订了调控可可供给的新的《可可协定》,1994年又签订了5年期的条约。然而,很多观察家当时就认为,这些都不会起到多大作用,这主要是因为世界上最大的可可生产者印度尼西亚并没有加入国际可可组织。到1998年,国际可可组织已售出其全部的用于稳定可可市场的库存,印度尼西亚仍旧不是世界可可组织的成员国。一些供应商已经退出市场,可可价格稳定在每吨1 500美元的水平。然而,在进入新千年之际,可可价格又下降到每吨900美元以下。国际可可组织显然无法控制市场,生产者的进入和退出将仍旧是决定可可长期价格的主要因素。

资料来源:吴汉洪,董红霞编著.管理经济学.清华大学出版社,2005.

【案例思考】

1. 可可产业接近完全竞争模型吗?为什么?
2. 决定可可长期价格的主要因素是什么?请简要加以说明。

【分析提示】

1. 可可产业比较接近完全竞争模型,这是因为可可产品市场具有完全竞争市场的一些基本特点。比如,可可产业中存在着许多规模不大的种植者,仅仅在巴西东北部的贫困地区,便有两万多个可可种植园。在西非、马来西亚以及印度尼西亚,也存在很多小型可可种植园。单个的种植者一般难以通过自己的买卖行为或凭借产品的特殊性来影响可可的市场价格,只能是市场供求关系决定的既定价格的接受者,并且这些企业进入和退出产业市场也不存在太大的壁垒,进出行业相对比较自由。

2. 可可生产者的进入和退出是决定可可长期价格的主要因素。如果可可行业的产品价格高于平均成本水平,生产企业就可能获得超额利润,此时企业就会追求扩大种植面积,增加产量供给。同时,由于超额利润的存在,还会吸引新的生产者不断进入,使可可行业的总供给量增加,产品价格不断下降。这种趋势会一直保持到超额利润消失为止。反之,当可可行业的产品价格低于平均成本水平时,生产企业就可能会遭遇亏损,此时企业就会缩小生产规模,也会有一部分生产者退出这一行业,使可可行业的总供给量减少,产品价格不断上升,直到亏损额消失为止。当然,国际可可组织为世界可可产业提供的价格支持,在特定的时期也可能会对可可的价格稳定产生一定的影响。

案例 6-2 广告与眼镜

垄断竞争理论强调销售开支(包括广告支出)的重要性。大城市的眼镜市场具有许多垄断竞争的特征:有大量的眼镜销售者,每个销售者的产品与其他销售者具有细微差别。美国一些州曾经禁止眼镜销售商做价格广告。表 6-1 列出了当时在这些州和其他没有广告限制的州中眼镜的平均价格。

表 6-1 有无广告禁令与眼镜价格

所在州法律性质	平均价格(美元/副)	
	眼　镜	眼镜和验光
有广告禁令	33.04	40.96
无广告禁令	26.34	37.10

资料来源:吴汉洪,董红霞编著.管理经济学.清华大学出版社,2005.

【案例思考】

1. 既然广告是一种需要使用资源的销售开支,那么认为不做广告将减少企业成本的说法有道理吗?

2. 如果广告会增加成本,为什么没有广告禁令的州中眼镜价格却较低?(从消费者获得信息角度考虑)

3. 1978年,联邦贸易委员会(FTC)宣布对眼镜广告的禁止是非法的。FTC为什么采取此措施?

【分析提示】

1. 有道理。既然做广告必须要付钱,所以它会增加企业成本。

2. 在已研究的市场里,广告增加了消费者对于各眼镜销售商所提供的产品价格和服务的了解。如果没有广告,消费者获得此类信息的成本是相当高的。掌握此类信息后,消费者在寻找较低价格上处于更有利的位置,而且销售商也更可能提供给他们。

3. 因为FTC认为,这种限制损害了竞争过程的效率。如案例所示,在广告限制存在时,消费者似乎支付了较高的价格,而无广告限制地区的眼镜价格却比较低。

案例 6-3　石家庄一居民小区预收 5 年水费引质疑

2011年3月某日,石家庄阀门一厂家属院宿舍门口贴出了物业公司的通知,让居民预交5年水费,并与之前小区居民所欠水费一并缴纳,合计每户居民需缴纳至2016年的水费共计7 000多元,否则便不能保证用水。阀门一厂有关部门还将本单位离退休人员医药费报销等事宜与是否缴纳水费挂钩。

"这不是电影《让子弹飞》里,'鹅城'的收费方法吗?"部分居民表示强烈质疑。一住户称,他们老两口每月用水只有三四吨,按照一吨水3.9元,7 000多元水费也足够他们吃40多年。一退休职工称,一些家属楼都是有二三十年楼龄的老旧楼房,房屋年久失修,自来水管网老化破损,却一直维修不力。2005年之前水费一直由单位收缴,2005年后就再也没人来。

对此,负责当地供水的石家庄东方龙供水有限责任公司方面表示,"供水公司只与阀门一厂存在贸易结算关系,根据小区总水表向阀门一厂收缴水费。阀门一厂公司在供水集团立户贸易结算水表共计9块,2005年以后,阀门一厂家属院一直无法正常缴纳水费,累计欠缴水费已高达64万多元,供水公司始终努力向阀门一厂进行追缴,然而却'收效甚微'。"对于阀门一厂采取的"鹅城"式预收水费办法,供水公司声称并不知情,也与公司没有直接关系。

然而,按照新出台的物业管理条例,供水、供电、燃气等物业收费要到居民终端。同时,国家规定水表每隔6年应强制检测,而事实上,一些水表自上世纪80年代安装后就没有动过,计量准确率很差。

资料来源:根据2011年3月21日出版的《新民晚报》的相关报道整理而成。

【案例思考】

1. 你认为案例中"鹅城"式水费预收事件发生的根本原因是什么?同时请你结合案例谈谈解决水费拖欠问题的思路。

2. 供水部门应该说是资金、人才相对比较集中的部门,效率一定会很高吗?什么决定效率?

【分析提示】

1. (1)案例中"鹅城"式水费预收事件发生的原因似乎可以归结为阀门一厂非理性的、极端化的管理思维和问题处理方式,但这只是表象,根本原因还是在于东方龙供水公司肆意凭借其独家垄断的经营地位而形成的管理与服务上的傲慢和蛮横,一些水表自上世纪80年代安装后竟然就没有动过,甚至用对家属楼进行整体性停止供水这种威胁方式来对阀门一厂施压。

(2) 按照新出台的物业管理条例,供水、供电、燃气等物业收费要到居民终端,实行"一户一表,计量出户,抄表到户",这才是供水公司有效遏制水费新欠缴现象再产生的根本之策。换言之,当务之急就是要抓紧为每户家庭在户外公共部位集中统一安装一块贸易结算计量水表,供水公司直接查表、计量收费到户。至于此前被欠缴的水费旧账,供水公司完全可以逐步通过其他相关途径来妥善加以解决。

2. 供水部门虽然是资金、人才相对比较集中的部门,但其工作效率并不一定会很高。实际上,市场竞争的充分程度才是决定各经营单位管理水平和服务效率的关键因素。一般而言,市场竞争越是充分和透明,经济效率就越高,管理和服务的水平也就越好。随着市场中垄断因素的加强,经济效率就会逐渐下降,甚至会出现服务傲慢的倾向,管理水平也必然随之下降。

案例 6-4　北京的花炮为什么这么贵

2010年春节前夕,毗邻北京的河北省三河市车满为患,到此地购买花炮的"京"字牌车辆排起蔚为壮观的"车龙"。"便宜",是不少北京市民不惜雪后驱车上百公里,赶往这里购买花炮的最大动力,这不仅扰乱了市场秩序,更增大了北京的安全隐患和危险品管控难度。

自2月7日北京开始销售虎年花炮以来,市场的价格大致是这样的:1 000响鞭炮售25～35元,10 000响的盘炮售120～150元,烟花"难忘今宵"售250元左右……鞭炮和烟花的整体价格较2009年下降约5%。

毋庸置疑,降价是遏制"非法"花炮流入北京的最好办法。为此,北京市政府通过增设零售点、增大供应量等手段力求驱走"非法"花炮:形成了"湖南熊猫""湖南逗逗"和"北京燕龙"三大批发商三足鼎立之势;共批准2 418个花炮零售点,比2009年增加约10%;80万箱的花炮供应量也创历史新高。

然而,即便如此,不少消费者仍认为5%的降幅是杯水车薪,与赴河北购买非法花炮的价差巨大。在河北省三河市,1 000响鞭炮和烟花"难忘今宵"分别仅售10元和80元,都不到北京的1/3。河北三河、固安等北京周边市县已成为廉价花炮销售地。

那么,为减少市民异地购买"非法"花炮带来的安全隐患,就不能再降降北京的花炮价格?

"花炮从出厂到消费者手中,要经过进货、批发和零售三大环节,'每个环节加价50%'已形成业内'行规'。"北京烟花鞭炮(燕龙)有限公司总经理武立雨说,三家批发商为了在仅有的2 418个零售点中争取更多的独家专营点,零售商即便加价超过50%,也只能默许。

一些北京市民认为,由于基本垄断了北京市区的花炮市场,因此,北京的花炮供货商和批发商,甚至零售商的销售"暴利"是导致价格居高不下的罪魁。"除了这些所谓的'销售点',市民在市区根本就别想在别地买到花炮,市场被他们垄断了,价格自然就由他们说了算,一个成本几块钱的花炮动辄上百元也就不难理解了!"一位北京市民如是说。

资料来源:根据2010年2月11日出版的《新华每日电讯》的相关报道整理而成。

【案例思考】

1. 案例中的北京花炮市场接近何种市场结构？这种市场结构具有哪些特点？
2. 北京的花炮为什么那么贵呢？试从市场结构的角度加以分析。
3. 从市场监管的角度来看，你认为政府可以采取哪些措施来解决花炮价格畸高的问题？

【分析提示】

1. 本案例中的北京花炮市场接近寡头垄断市场结构。寡头垄断市场结构一般具有这么几个特点，即寡头垄断企业之间的相互依存性、各个垄断企业行为的结果具有不可预知性、寡头垄断市场的相对稳定性和进入该行业的限制性极大。

2. 北京的花炮市场比较接近寡头垄断市场结构，基本上由"湖南熊猫""湖南逗逗"和"北京燕龙"三大批发商占据，而购买花炮的地点，也只有经政府部门批准的2 418个零售摊位而已，市民再想到市里其他地方买任何其他品牌的花炮几乎不可能，很难进行充分的市场竞争。烟花爆竹又属非生活必需品，政府部门不能强行定价，只能标注"建议零售价"予以引导。因此，北京的花炮批发价由"三巨头"说了算，进而形成隐性的价格联盟。在缺乏竞争的情况下，"三巨头"商量着分肉吃，自然亏不着彼此，也就便宜不了市民，因而北京市民也就不得不接受这让人费解的高价。

3. 限制市场垄断，压缩寻租空间。比如：允许更多合格花炮批发商参与竞争，打破价格联盟式的垄断；尽可能多地增设零售摊点，引入更多的零售商；通过公开摇号等方式分配花炮零售点，降低零售商设摊的成本；安监标准和准入资格自然要严守，但暗藏寻租空间的不必要审批环节应该砍掉，压缩腐败空间。

第七章

企业定价与广告决策

7.1 本章要点

1. 价格目标是指企业的定价目标,是企业在定价过程中所要达到的目标要求,也就是企业通过价格制定所要实现的经营意图。企业目标规定着企业的整体行为方向,而价格目标仅反映企业定价过程中的期望和追求。

2. 价格目标一般按照分析企业整体目标、提出各种定价目标、对各种定价目标进行可行性分析、目标优化、确定目标等程序进行设置,并按照市场性原则、边际性原则和协调性原则进行时间、结构、效果等三个方面的优化。

3. 成本、市场和政府关于企业定价的政策与法令是影响定价的主要因素,企业常用的定价方法有成本加成定价法、目标投资回报率定价法、差别定价法和随行就市定价法等。

4. 成本加成定价法,是按照单位成本加上一定百分比的加成来制定产品销售价格的一种定价方法,在零售企业中比较普遍采用。按照这种定价方法,产品的价格分三步来确定,即确定单位可变成本、确定单位固定成本、单位总成本加预期目标利润。目标投资回报率定价法与成本加成定价法类似,不同的是成本加成定价法加的利润是按成本利润计算的,而目标投资回报率定价法加的利润是按目标投资回报率计算的。

5. 差别定价法又称为价格歧视,是指企业生产的同一种产品在不同的场合索取不同的价格,分为一级差别定价、二级差别定价、三级差别定价。按照这种定价方法,能够使具有一定垄断能力的企业获取更多的利润,并生产和销售更多的产品。而随行就市定价法即按同行业竞争者的产品价格定价,也就是根据同行业其他企业的平均现行价格水平来确定产品价格。

6. 企业对于产品的定价除了应该根据不同情况灵活采用各种定价方法以外，还应当针对产品特点和市场情况采用一些定价策略和技巧，主要包括新产品定价策略、心理定价策略、产品组合定价策略和中间产品转移定价策略等。

7. 新产品定价策略分为基于高价的撇脂定价策略和基于低价的渗透定价策略，实际上它们都是一种时间上的差别定价。生命周期比较短的高新科技产品或时尚潮流产品较多采用撇脂定价策略，而竞争比较激烈的日用小商品则较多采用渗透定价策略。

8. 心理定价策略是根据消费者的购买心理来调整产品的价格，分为整数定价、尾数定价、折扣定价、促销定价和分档定价等。在实践中，零售商较多地采用心理定价策略。

9. 当一系列产品组成一个产品组合时，对这个产品组合中的每个产品的定价需要加以调整，以便确定一组使整个产品组合能够获得最大收益的价格体系。产品组合定价策略分为系列产品定价、互补产品定价和互替产品定价。

10. 中间产品的转移价格，是指现代化大公司下属的分公司与分公司之间进行中间产品的转让时使用的价格。转移价格的确定可分为两种情况：一种是有外部市场的情况，转移价格按市场价格来定；另一种是无外部市场的情况，这时对中间产品应实行双重定价的策略，即除了用变动成本定价外（目的是为了使后方分公司的短期决策能与总公司的决策保持一致），还要在各分公司之间合理分配利润的基础上来定价（目的是为了调动所有分公司长期的生产经营积极性）。

11. 商业广告的基本功能就是向消费者传递有关企业和产品的信息，扩大市场，促成交易。然而，广告并不是万能的，产品质量的重要性远远大于广告，广告应当被看作企业整个生产经营链条中的一个环节。根据消费者在购买之前对产品信息掌握的情况，可以把广告分成信息性广告和说服性广告两种类型，其功能各有所侧重。利润最大化的广告支出量原则为 $A/PQ = -(E_A/E_P)$。

7.2 习题与解答

一、名词解释

1. 成本加成定价法：是按照单位成本加上一定百分比的加成来制定产品销售价格的定价方法。

2. 目标投资回报率定价法：是单位成本加上按目标投资回报率所计算的一定利润来制定产品销售价格的定价方法。

3. 差别定价法：又称为价格歧视，是指企业生产的同一种产品在不同的场合索取不同的价格。

4. 随行就市定价法：是按同行业竞争者的产品价格定价，即根据同行业其他企业的平均现行价格水平来确定产品价格。

5. 撇脂定价策略：是指在新产品最初上市时，把产品的价格定得很高，以便在较短的期间内获取最大利润。

6. 渗透定价策略：是在新产品刚上市时，把价格定得很低，使产品很快被市场接受，迅速渗透到市场，占据较大的市场份额，使其他企业难以进入。

7. 中间产品的转移价格：是指现代化大公司下属的分公司与分公司之间进行中间产品的转让时使用的价格。

8. 广告：是由特定广告主以付费的方式对于构思、产品或劳务的非人员介绍及推广。

二、单项选择题

1. 企业要正确制定产品价格，首先要正确选定企业的（　　）。
   A. 定价步骤　　　B. 定价目标　　　C. 定价方法　　　D. 定价策略
2. 一般情况下，产品定价的下限是（　　）。
   A. 成本　　　　　　　　　　　　B. 顾客接受的价格
   C. 竞争对手产品的价格　　　　　D. 正常利润
3. 成本加成定价法的定价基础是（　　）。
   A. 边际成本　　B. 不变成本　　C. 可变成本　　D. 全部成本
4. 电影院因座位位置不同而定不同的价格，这是采用了（　　）。
   A. 成本加成定价法　　　　　　　B. 随行就市定价法
   C. 贡献分析定价法　　　　　　　D. 差别定价法
5. 把新产品价格定得很低，以期尽快打入市场的定价策略是（　　）。
   A. 撇脂定价策略　　　　　　　　B. 渗透定价策略
   C. 心理定价策略　　　　　　　　D. 产品组合定价策略
6. 目标投资回报率定价法中，在全部成本的基础上加的利润是（　　）。
   A. 按平均利润率计算的　　　　　B. 按最大利润率计算的
   C. 按成本利润率计算的　　　　　D. 按目标投资回报率计算的
7. 把新产品价格定得很高，以期在短时间内把本钱赚回来的定价策略是（　　）。
   A. 撇脂定价策略　　　　　　　　B. 渗透定价策略
   C. 心理定价策略　　　　　　　　D. 产品组合定价策略

8. 将一件商品的价格定成 99.9 元,而不定成 100 元,这是采用了( )。
   A. 撇脂定价策略　　　　　　B. 渗透定价策略
   C. 产品组合定价策略　　　　D. 心理定价策略
9. 整数定价策略属于( )。
   A. 新产品定价策略　　　　　B. 渗透定价策略
   C. 心理定价策略　　　　　　D. 系列产品定价策略
10. 打长途电话,白天和夜间收费不同,这是采用了( )。
    A. 成本加成定价法　　　　　B. 差别定价法
    C. 贡献分析定价法　　　　　D. 随行就市定价法

参考答案：1.（B） 2.（A） 3.（D） 4.（D） 5.（B） 6.（D） 7.（A） 8.（D） 9.（C） 10.（B）

三、多项选择题

1. 价格目标的优化原则有( )。
   A. 市场性原则　　　　　　　B. 边际性原则
   C. 强制性原则　　　　　　　D. 普遍性原则
   E. 协调性原则
2. 决定价格的主要因素有( )。
   A. 消费者心理因素　　　　　B. 生产者心理因素
   C. 成本因素　　　　　　　　D. 市场因素
   E. 政府影响
3. 下列选项中,属于企业常用的产品定价方法的有( )。
   A. 成本加成定价法　　　　　B. 目标投资回报率定价法
   C. 差别定价法　　　　　　　D. 随行就市定价法
   E. 讨价还价定价法
4. 下列说法中,错误的有( )。
   A. 系列产品中,价格弹性大的产品,价格应定得高一点
   B. 系列产品中,价格弹性小的产品,价格应定得低一点
   C. 互补产品中,对基本产品应定高价,对配套产品应定低价
   D. 配套出售的商品价格应该定得比单个出售低
   E. 配套出售的商品价格应该定得比单个出售高
5. 下列选项中,属于心理定价策略的有( )。
   A. 整数定价策略　　　　　　B. 尾数定价策略
   C. 成本定价策略　　　　　　D. 折扣定价策略

E. 促销定价策略

参考答案：1.（A,B,E） 2.（C,D,E） 3.（A,B,C,D） 4.（A,B,C,E） 5.（A,B,D,E）

四、判断改错题

1. 企业整体目标是为价格目标服务的,是实现价格目标的手段和途径。（×）

改为：价格目标是为企业整体目标服务的,是实现企业整体目标的手段和途径。

2. 一般来说,成本是产品定价的上限。如果价格定得低于成本,企业就要亏本。（×）

改为：一般来说,成本是产品定价的下限。如果价格定得低于成本,企业就要亏本。

3. 价格尽可能制定得越高越好,因为这样企业就可以获得更多利润。（×）

改为：价格不是定得越高越好,如果定得过高导致需求量大量减少,企业的销售收入就反而减少,利润就会随之下降。

4. 在垄断性企业中,采用成本加成定价法的企业相对比较普遍。（×）

改为：在零售企业中,采用成本加成定价法的企业相对比较普遍。

5. 大包装商品的平均价格低于小包装同样商品,这属于差别定价方法。（√）

6. 三级差别定价是把消费者的产品购买量划分为几个等级,对各个不同的等级实行不同的价格,而在每一个等级范围内实行相同的价格。（×）

改为：三级差别定价是指企业为谋求最大利润,而对同样的产品在不同的市场上以不同的价格进行出售。

7. 撇脂定价策略是一开始把价格定得很低,渗透定价是一开始把价格定得很高。（×）

改为：撇脂定价策略是一开始把价格定得很高,渗透定价则是一开始把价格定得很低。

8. 对于互补性较强的产品,企业可以有意识地对主要产品制定较高的价格,而对附属产品制定较低的价格。（×）

改为：对于互补性较强的产品,企业可以有意识地对主要产品制定较低的价格,而对附属产品制定较高的价格。

9. 在无外部市场的条件下,为了使买方分公司的短期决策能与总公司的决策保持一致,对中间产品的转移价格应按全部成本来确定。（×）

改为：在无外部市场的条件下,为了使买方分公司的短期决策能与总公司的决策保持一致,对中间产品的转移价格应按变动成本来确定。

10. 需求的广告弹性越大,企业的广告就应该做得越小。(×)

改为:需求的广告弹性越大,企业的广告就应该做得越大。

五、简答题

1. 价格目标的设置程序有哪些?

答: 价格目标的设置程序如下:

(1) 分析企业整体目标。

(2) 提出各种定价目标。

(3) 对各种定价目标进行可行性分析。

(4) 目标优化。

(5) 确定目标。

2. 企业实行差别定价应该满足什么条件?

答: 一般来说,企业实行差别定价需要满足以下三个条件:

(1) 企业必须有一定的垄断能力,没有垄断能力的企业实行差别定价就会失去顾客。

(2) 企业必须能够有效地分割市场。比如,市场之间信息不畅通、交通不便利,或者存在贸易壁垒。换言之,分割的市场之间存在相当大的交易费用,使得产品无法或不值得被倒卖,否则不同市场的价格很快就会被拉平,从而无法实行差别定价。

(3) 不同市场价格弹性不同。垄断企业根据不同市场的需求弹性对同一产品制定不同的价格,可获得更多的利润。

3. 撇脂定价策略的优缺点各有哪些?

答: (1) 优点:① 新上市的产品,常常缺少同类的替代产品,其需求价格弹性相对较小。这时企业可以趁竞争者尚未进入之际,利用消费者的求新心理,以较高的价格抬高产品身价,有助于新产品的销售。同时,较高的价格容易给消费者造成商品质量优良的感觉,容易获得消费者的注意。② 由于产品价格高出成本较多,有条件实行消费者差别定价。企业可以根据消费者的购买力水平和地区差异对市场进行细分,消费者购买力较强的地区定价可以稍高,消费者对价格较为敏感的地区则可以定价稍低。③ 企业在产品价格方面有较大回旋余地。如果企业发现新产品价格偏高,购买者较少,可以主动降价,争取更多的消费者,同时也可以为以后同竞争者争夺市场进行降价埋下伏笔。

(2) 缺点:① 如果价格过高可能会引起消费者的不满,不利于企业长远发展。② 如果企业产品没有市场影响力,那么采取这种定价策略则不利于打开产品的销路。③ 产品定价过高会吸引竞争者的涌入,因此较高的产品价格难以长期维持。

4. 在什么情况下适用渗透定价策略?

答： 以下情况适用渗透定价策略：

（1）需求弹性大的商品，购买者对价格敏感，低价有利于刺激需求，从而扩大销路。

（2）潜在市场大，竞争者容易进入市场，实行低价薄利可使竞争者望而却步，市场地位巩固以后，再通过产品质量改进或改型，逐步提高价格。采用这种定价策略，一般公司实力都较雄厚，有一定实力支撑新产品。

（3）为了打开某一较低收入的消费市场，企业采用这种定价策略，易于使消费者接受。

（4）产品存在较大的规模经济性，需要大批量的生产才能大大地降低单位产品成本。

5. 企业应当怎样确定中间产品的转移价格？

答： 转移价格是指现代化大公司下属的分公司与分公司之间进行中间产品的转让时使用的价格。转移价格的确定，应当能够正确处理前方（出售方）分公司、后方（购买方）分公司和总公司之间在经济利益上的矛盾，使各个分公司都能把自己的积极性调动起来共同为实现总公司的利润最大化而努力。

具体来讲，在中间产品有外部市场的条件下，它的转移价格就按市场价格来定。在中间产品没有外部市场的条件下，对中间产品应实行双重定价，即除了用变动成本定价外（目的是为了使后方分公司的短期决策能与总公司的决策保持一致），还要在各分公司之间合理分配利润的基础上来定价（目的是为了调动所有分公司长期的生产经营积极性）。

6. 要看电视，就不能不看广告。就社会资源配置来说，广告作用是正还是负？

答： 一方面，广告起着提供信息的作用，有利于降低信息搜寻成本；另一方面，广告又有传递信号的作用，一般来讲，只有那些质量过硬的产品生产企业才会投入大量的资金进行广告宣传。从这些方面来说，广告有正面作用。不过，广告也并不是越多越好，其费用受到需求广告弹性大小的影响，特别是虚假广告会误导消费者的消费行为，对资源配置产生负面影响。

六、计算题

1. 假定某企业生产某种产品的变动成本为每件 10 元，预期产量为 500 000 件，总固定成本为 2 500 000 元。如果企业的目标成本利润率定为 33.3%，问产品价格应定为多少？

解： 由题意，知单位固定成本 $= \dfrac{2\,500\,000}{500\,000} = 5$（元/件），单位变动成本 $= 10$ 元/件，则

单位总本＝5＋10＝15(元/件)

产品单价＝15＋15×33.3％＝20(元/件)

所以,该公司对其某种产品的价格应定为 20 元/件。

2. 某公司投资 2 000 000 元生产产品 A,年产量为 180 000 件,单位产品的变动成本为 32 元/件,总固定成本为 1 080 000 元。如该公司希望获得 25％的年投资回报率,那么该公司应该对其产品 A 定什么价格?

解：由题意,知单位固定成本 $= \dfrac{1\,080\,000}{180\,000} = 6$(元/件),单位变动成本＝32 元/件,则

单位总成本＝6＋32＝38(元/件)

$$单位产品利润 = \dfrac{2\,000\,000 \times 25\%}{180\,000} = 2.78(元/件)$$

产品单价＝38＋2.78＝40.78(元/件)

所以,该公司对其产品 A 应定价为 40.78 元/件。

3. 某公司拥有 A 和 B 两个分公司,分公司 B 需向分公司 A 购买一种中间产品。该中间产品另有外部市场的其他公司也在生产和销售,市场价格为每单位 100 元。分公司 A 生产该中间产品的全部成本为每单位 112 元。

(1) 分公司 A 的负责人认为,向分公司 B 出售该中间产品的转移价格不应低于每单位 112 元,否则会连成本也收不回来。这种看法是否正确? 为什么?

(2) 分公司 B 的负责人认为,向分公司 A 购买该中间产品的转移价格应定在每单位 100 元上,否则就会增加不必要的支出。这种看法是否正确? 为什么?

解：(1) 分公司 A 负责人的看法不正确。因为在中间产品有外部市场的条件下,其转移价格只能定在市场价格上,在本题中只能定在每单位 100 元上。如果按照分公司 A 负责人的意见,中间产品的转移价格不应低于每单位 112 元的话,分公司 B 就会以每单位 100 元的价格从外部市场上购买中间产品,而不会向分公司 A 购买该中间产品。至于将该中间产品的转移价格定在每单位 100 元上,分公司 A 不仅不能获得利润甚至连成本也收不回来,这可能是因为分公司 A 在经营管理上存在问题,竞争力弱,不能达到该中间产品的部门平均成本和平均效率。但分公司 A 没有任何理由把自己的问题转移给分公司 B,由分公司 B 替自己承担。

(2) 分公司 B 负责人的看法是正确的。因为它在能从外部市场上以每单位 100 元的市场价格购买到中间产品的情况下,如非要从分公司 A 购买转移价格定

在每单位 112 元以上的中间产品,确实会增加不必要的支出,这不仅对分公司 B 是不利的,而且对总公司也是不利的,同时,也无法对分公司 A 和 B 的经营业绩作出合理公正的评价,更不利于促进分公司 A 改进管理、降耗增效。

4. 某公司下属两个分公司 A 和 B。分公司 A 生产无外部市场的中间产品 T,其单位变动成本为每件 12 元,生产总成本为 70 万元。分公司 B 每年需要向分公司 A 购买 5 万件中间产品 T 用于生产 5 万件最终产品 F,其生产总成本为 90 万元(不包括 T 的转移价格),最终产品 F 的售价为每件 80 元。如果双方协议按成本大小分配利润,那么应如何给中间产品 T 定价?

解:总公司的利润为

$$80 \times 5 - (70 + 90) = 240 (万元)$$

如果双方协议按成本大小分配利润,即按 7∶9(=70 万元∶90 万元)的比例分配总利润 240 万元,则分公司 A 应得利润 105 万元,分公司 B 应得利润 135 万元。

分公司 A 要得到 105 万元利润,其总收入应为 70 万元+105 万元=175 万元。因此,每件中间产品的价格应定为

$$\frac{175}{5} = 35(元/件)$$

所以,对中间产品 T 应定双重价格:以单位变动成本 12 元/件确定转移价格,是为了分公司 B 能正确地进行短期决策;以 35 元/件确定转移价格,是为了在分公司 A 和 B 之间按成本大小合理地分配利润,正确地评价各分公司的绩效,调动两个分公司长期的生产经营积极性,以实现企业的总目标。

7.3 案例分析

案例 7-1　温迪饭店的成本加成定价

许多经理在定价时使用成本加成定价法的一些变形,但是成本之上的加成必须根据市场的承受能力来确定。快餐店就是一个很好的例子。下面讲的是彼得·

第七章 企业定价与广告决策

萨尔格的定价方法,他在科罗拉多拥有好几家温迪饭店。

为了确定菜单中各种菜肴的价格,萨尔格先生要计算成本,特别是食品的成本。他的目标食品成本约为一餐零售价格的30%～31%,后来又调低到28%～29%。萨尔格先生定的价格,务必使食品成本在价格中所占的百分比不超过目标。有些食品,如饮料,成本在价格中的比重只有20%。另外一些食品,如汉堡包,成本约为销售价格的一半。如果他发现食品成本在价格中的比重超过了31%,就提价,但是在这样做之前,他要去麦当劳那里走一走,看看他们是怎样定价的。

如果他发现麦当劳汉堡包的价格比他的价格高出10美分,他就试着把自己的价格提高5美分。如果涨价后没有达到他的目标成本,他就会再适当提高其他食品的价格。"除非不得已,我是不会提价的。"萨尔格先生说,"我每次涨价都会丢失顾客。"他尽量少提价,这样失去的顾客也少。

萨尔格先生还注意到,他的色拉柜台的需求对价格没有如此敏感。"生菜的价格波动很大,以至有时候不得不把色拉的价格提高30美分。但是即使这样涨价,我的色拉销售量也没有减少多少。"

案例来源:李静江,刘治兰主编.管理经济学.华文出版社,2003.

【案例思考】

1. 为什么企业在产品定价时成本之上的加成必须根据市场的承受能力来确定?
2. 萨尔格先生将色拉的价格提高30美分的依据是什么?

【分析提示】

1. 对企业来说,定价问题不仅关乎企业产品能否销售出去、能够销售多少,而且还会影响企业的盈利。一般来说,产品的价格和顾客对产品的需求量之间成反方向变动关系。即需求量随着商品本身价格的上升而减少,随着商品本身价格的下降而增加。因此,价格不是定得越高越好,如果定得过高导致需求量大量减少,企业的销售收入就反而减少,利润就会随之下降。同时,产品的定价也受到需求价格弹性的影响,如果产品的需求价格弹性越大,价格提高一定的比例,销售量就会更大幅度地下降,总收益必然随之下降,这样实现最大利润的加成率就应该越小;反之亦然。因此,企业在产品定价时成本之上的加成必须根据市场的承受能力来确定。

2. 需求价格弹性反映了需求量对产品价格变动的敏感程度,它可以用来分析价格变动对产品销售量的可能影响。因此,价格弹性的大小是企业确定价格政策的重要依据。一般来说,需求价格弹性与销售总收益的关系表现为:需求富有弹性的商品,其销售总收益与价格是反方向变动的。即提高价格,总收益下降;降低价格,总收益增加。需求缺乏弹性的商品,其销售总收益与价格是同方向变动的。即提高价格,总收益增加;降低价格,总收益下降。通常而言,如果某种商品富有弹性,应采用适当降价的价格策略,以使销售总收益增加;如果某种商品缺乏弹性,应采用适当提价的价格策略,以使销售总收益增加。色拉食品的需求对价格并不是很敏感,属于需求缺乏弹性的商品,所以色拉价格定得偏高些,即使提高30美分,销售量也减少不了太多,其销售总收益总体上还是上升的。因此,萨尔格先生可以把色拉的价格提高30美分。

案例 7-2　杂货店定价方法

美国的杂货店通常使用加成定价法,典型的加成率如表 7-1 所示。

表 7-1　美国的杂货店的加成率

产品	加成率/(%)	产品	加成率/(%)
咖啡	5	冻肉	30
软饮料	5	新鲜水果	45
早餐食品	10	新鲜蔬菜	45
汤类	10	调味品	50
冰淇淋	20	专卖药品	50

一般来说,商店很可能对那些价格弹性低的商品制定较高的加成率。它们认为,高加成率是很安全的。另一方面对那些价格弹性高的商品,商店认识到它们必须压低加成率。因为把加成率提高是十分愚蠢的做法,会使消费者跑到别处去。从专卖药品和新鲜蔬菜的价格弹性要低于咖啡和早餐食品的意义上说,这个定价体系将使杂货店的利润趋于最大化。

资料来源:陈收,毕少菲主编.管理经济学.湖南大学出版社,1999.

【案例思考】

1. 为什么软饮料和调味品的加成率会相差10倍?

2. 为什么说对那些价格弹性高的商品必须压低加成率,否则会失去消费者?

【分析提示】

1. 一般来说,商品的需求价格弹性与销售总收益存在着这么一种关系:需求富有弹性的商品,其销售总收益与价格是反方向变动的;需求缺乏弹性的商品,其销售总收益与价格是同方向变动的。因此,企业在确定加成率时,必须考虑商品的需求价格弹性的影响关系。商品的需求价格弹性不同,加成率也应当有所不同。弹性大,加成率应当低一些;弹性小,则应当高一些。软饮料属于非生活必需品,需求价格弹性相对富有,其价格上涨就会较大程度影响其需求量,加成率就应该小一些。而调味品属于生活必需品,需求价格弹性比较缺乏,消费者不会因为其价格上涨就大量减少其购买量,加成率就可以相对高一些。这样,软饮料和调味品的加成率相差 10 倍也就不足为奇了。

2. 需求价格弹性反映了商品的需求量对于价格变动的敏感程度,它可以用来分析商品价格变动对购买量的可能影响。对于价格弹性高的这一类商品来说,消费者对其价格的变动相对比较敏感,价格过高会招致消费者针对该类商品的购买选择做出比较大的调整,可能转而购买其他的相关替代商品,也可能延缓或减少当前的消费。如果该类商品的成本加成率过高的话,会直接拉升它的价格水平,从而很可能使得消费量骤减或消费者流失。因此,对那些价格弹性高的商品必须压低加成率,否则会失去消费者。

案例 7-3　　上海稳步推行阶梯电价制度

上海居民阶梯电价已经自 2012 年 7 月 1 日起在全市范围内全面施行。上海市居民阶梯电价的实施方案,按照国家政策的总体要求和指导性意见确定,同时,充分考虑地方自然地理环境、经济发展程度、居民收入和用电水平等特点。

根据国家发展改革委《关于居民生活用电试行阶梯电价的指导意见》有关规定,居民阶梯电价将城乡居民用电量划分为三档,第一档电量满足基本用电需求,第二档电量满足正常合理用电需求,第三档电量满足较高生活质量用电需求。其中:

第一档电量,原则上按照覆盖本区域内 80%居民用户的户均用电量确定,即保证户均用电量在该档电量范围内居民户数占居民总户数的比例达到 80%;

第二档电量,按照覆盖本区域内95%居民用户的户均用电量确定,即覆盖率在80%~95%的用电量;

第三档电量,即为超出第二档的电量。

上海居民阶梯电价按照年度电量为单位实施,分档电量和电价水平如表7-2所示。

表7-2　上海市居民电价表

分档	电量水平(度/户·年)	时段	电价水平(元/度)
第一档	0~3 120(含)	峰时段	0.617
		谷时段	0.307
第二档	3 120~4 800(含)	峰时段	0.677
		谷时段	0.337
第三档	4 800以上	峰时段	0.977
		谷时段	0.487

注:峰谷时段划分,6时—22时为峰时段,22时—次日6时为谷时段。

资料来源:根据上海市发展和改革委员会发布的《上海阶梯电价实施方案》(沪发改价管〔2012〕020号)整理而成。

【案例思考】

1. 本案例中上海居民电价属于何种定价方法?实行这种定价方法的条件是什么?

2. 在现阶段应该如何来理性地看待居民阶梯电价制度?请谈谈你的看法。

【分析提示】

1. 本案例中上海居民电价采用分时和阶梯电价的叠加,属于差别定价的方法。一般来说,实行这种定价方法需要满足以下三个条件:

(1) 企业必须有一定的垄断能力,没有垄断能力的企业实行差别定价就会失去顾客。

(2) 企业必须能够有效地分割市场。比如,市场之间信息不畅通、交通不便利,或者存在贸易壁垒。换言之,分割的市场之间存在相当大的交易费用,使得产品无法或不值得被倒卖,否则不同市场的价格很快就会被拉平,从而无法实行差别定价。

(3) 不同市场价格弹性不同。垄断企业根据不同市场的需求弹性对同一产品制定不同的价格,可获得更多的利润。

2. 阶梯电价制度是价格领域的一项重大机制创新,是促进资源节约和环境保护的重要手段,是促进公平负担、理顺电价关系的重要途径,是贯彻国家资源环境价格改革的重要措施。具体来说,居民用电价格总体上要逐步反映用电成本,同时,兼顾不同收入居民的承受能力。居民生活用电实行阶梯电价,明确区分居民用电需求中的基本和非基本部分,对居民基本用电需求优先保障,实行较低电价;对非基本用电需求发挥市场调节作用,实行较高价格,使多用电者多付费,以充分反映市场供求情况和资源稀缺程度,引导居民合理用电、节约用电。另外,通过建立阶梯电价制度的探索,也为今后天然气、自来水等资源性产品价格市场化改革积累了宝贵的经验。

这里,必须指出的是,实行阶梯电价后电网企业增加的收入,应该主要用于弥补发电企业燃料成本上涨、弥补燃煤机组脱硫脱硝等环保成本增加、可再生能源发电补贴、居民用户电表改造等方面支出,不得用于增加电力公司职工福利。在这方面必须加强监管,自觉接受社会监督。否则,其意义很有可能会荡然无存。

案例 7-4
加多宝的跌宕命运

2012 年 5 月 11 日,广药集团收到中国国际经济贸易仲裁委员会日期为 2012 年 5 月 9 日的裁决书,该裁决书明确指出:广药集团与加多宝母公司鸿道(集团)有限公司签订的《"王老吉"商标许可补充协议》和《关于"王老吉"商标使用许可合同的补充协议》无效;鸿道(集团)有限公司停止使用"王老吉"商标,该裁决为终局裁决,自作出之日起生效。

痛失"王老吉"之后,加多宝(鸿道集团)随即展开新闻公关,召开新闻发布会,信息内容围绕四个方面:事实举例为正宗凉茶的品牌形象正名,如加多宝做凉茶 17 年的历史、拥有凉茶创始人的祖传秘方等;承诺改名过后配方工艺品质不变等,争取消费者的同情理解和支持;多次强调现在的加多宝就是以前的王老吉,传播改名概念;会场摆设加多宝凉茶,向记者赠送正宗凉茶等,推广加多宝品牌。此外,加多宝还开始大规模的广告营销,争夺央视广告第一标,冠名与正宗凉茶品牌形象契合的《中国好声音》,以及 2012 年"红动伦敦"体育赞助活动等。随后,加多宝很快地"起死回生",迅速获得了显赫的销售战绩和丰厚的经济效益,在一些地方喝加多宝甚至成为一种社交表达。

2012年12月广药集团状告加多宝虚假宣传,2013年1月31日法院裁定加多宝停止使用"全国销量领先的红罐凉茶改名加多宝"的广告语进行广告宣传;2013年8月广药又起诉加多宝"中国每卖10罐凉茶,7罐加多宝"的广告涉嫌不正当竞争,要求法院不必经过审理先裁定加多宝公司停止使用该广告语,随后加多宝被多地工商局调查并立案查处。

资料来源:根据2013年8月7日出版的《京华时报》和2013年12月20日出版的《南方周末》的相关报道整理而成。

【案例思考】

1. 痛失"王老吉"之后,加多宝为什么能够很快地"起死回生"?
2. 加多宝因广告语而遭起诉,你从中得到了什么启示?

【分析提示】

1. 加多宝之所以能够很快地"起死回生",主要得益于娴熟的广告技巧和有效的品牌传递。面对不利的复杂局势,加多宝迅即展开诉求明确的新闻公关与铺天盖地的广告轰炸,在第一时间向消费者有力地传播改名概念和正宗凉茶的品牌形象,生动地传递"配方还是原来的配方"和"味道还是以前的味道"的产品信息,把消费者对传统品牌"王老吉"的内在感情和忠诚信赖加以延伸,并注入时尚文化元素,从而顺利实现品牌效应的自然转换与进一步扩大。

2. 商业广告的基本功能就是向消费者传递有关企业和产品的信息,扩大市场,促进交易。广告使用得当,可以给企业带来巨大的品牌效应和经济收益。然而,广告并不是无所不能的,在市场经济大环境下,企业必须以依法经营为前提,以诚信经营为根本,切实维护公平竞争,杜绝一切误导和欺骗消费者的虚假广告行为。否则,企业很可能事与愿违并遭受损失,正所谓"成也广告,败也广告"。

(不限于此,各抒己见,言之有理、能够自圆其说均可。)

第八章

企业投资决策分析

8.1 本章要点

1. 广义的投资是指人们将一定的资源投入某项计划,以期获得未来收益的经济行为。其中,所投入的资源可以是资金,也可以是人力、技术和其他资源。换言之,投资是当前的一种支出,这种支出预期能够在以后较长时间内(通常指 1 年以上)给投资者带来收益。从投资的经济用途角度,可以区分出重置投资、更新投资、营销投资、科研和人力资源投资等几种比较常见的企业投资类型。

2. 投资决策有两个重要特点:一是要计算货币的时间价值;二是要考虑风险因素。其中,货币的现值是把所有时点上发生的收支值都折算为期初时的值,货币的终值是把所有时点上的收支值都折算为期末时的值。

3. 投资决策的过程包括提出投资建议、收集和估计有关的数据、评价和选择投资方案,以及监控投资方案的实施等几个阶段。

4. 估计与投资项目相联系的现金流量是选择投资方案过程中最重要的步骤之一,应遵循增量、税后、重视间接效应、忽视沉没成本、计算机会成本等原则。净现金流是指每个时期现金流入量和现金流出量之差。

5. 常用的投资决策评价方法有回收期法、净现值法和内部收益率法等。净现值法和内部收益率法都考虑货币的时间价值,因而是比较科学的方法,其中尤以净现值法最为常用。回收期法虽然不考虑货币的时间价值,但因使用起来方便,也为人们所常用。

6. 投资结果的不确定性,称为投资决策的风险。衡量投资决策的风险,常常需要借助三个统计量:期望值、标准差及变差系数。当两个投资方案的期望收益相同时,可以直接用标准差来比较风险的大小,标准差愈大则风险愈大;当两个投资方案的期望收益不同时,就需用变差系数来测定它们的相对风险,变差系数越大则风险越大。在多数情况下,对投资方案的选择是通过使用经过风险调整后的贴现率来计算和比较而得到的。

8.2 习题与解答

一、名词解释

1. 投资:是指当前的能够在以后较长的时间内(通常指1年以上)给投资者带来收益的一种支出。

2. 货币的现值:是把所有时点上发生的收支值都折算为期初时的值。

3. 货币的终值:是把所有时点上的收支值都折算为期末时的值。

4. 净现金流:是指每个时期现金流入量和现金流出量之差。

5. 投资回收期:是指从项目投建之日起,用项目各年的净收入将全部投资收回所需的年限。

6. 净现值:是指投资项目的现金流入量现值减去现金流出量现值后的差额。

7. 内部收益率:是指使投资项目的净现值为零的贴现率。

8. 决策风险:是指一种决策方案的结果的潜在变化。

二、单项选择题

1. 投资与日常经营费用这两种支出的区别主要在于(　　)。
   A. 支出数额不同　　　　　　B. 赢得收益的延续时间长短不同
   C. 支出途径不同　　　　　　D. 支出主体不同

2. 投资决策不同于日常经营决策的特点主要表现在对(　　)的考虑上。
   A. 货币的时间价值和风险因素　　B. 决策主体和决策时间
   C. 决策环境和决策对象　　　　　D. 决策环境和决策时间

3. 要进行投资决策,第一步是(　　)。
   A. 提出投资建议　　　　　　B. 收集和估计数据
   C. 评价投资方案　　　　　　D. 选择最优投资方案

4. 投资建议提出之后,能否正确决策的关键就在于(　　)。
   A. 能否正确提出投资方案
   B. 数据的收集和估计是否准确可靠
   C. 能否科学评价投资方案
   D. 能否选择出最优的投资方案

5. 下列选项中,表达正确的是(　　)。

　　A. $PV = \dfrac{M_0}{(1+i)^t}$　　　　　　B. $FV = \dfrac{M_t}{(1+i)^t}$

　　C. $PV = M_0(1+r)^t$　　　　　　D. $FV = M_0(1+r)^t$

6. 在不确定的环境里,决策者是否需要进一步搜集信息,主要取决于(　　)。

　　A. 信息重要性的大小

　　B. 信息价值的大小

　　C. 信息搜集成本的大小

　　D. 信息价值与信息搜集成本的比较

7. 当两个投资方案的收益期望值相同时,下列选项中可以直接用来比较它们的风险大小的是(　　)。

　　A. 标准差　　　　　　　　　B. 变差系数

　　C. 现金流量　　　　　　　　D. 现金流量的期望值

8. 如果两个投资方案的收益期望值不同,那么下列选项中可以用来测定它们的相对风险大小的是(　　)。

　　A. 内部收益率　　　　　　　B. 变差系数

　　C. 净现值　　　　　　　　　D. 标准差

9. 下列说法错误的是(　　)。

　　A. 一个投资方案带来的结果变动性越大,则该方案的风险越小

　　B. 一个投资方案带来的结果变动性越大,则该方案的风险越大

　　C. 一个投资方案的标准差越大,则该方案的风险越大

　　D. 一个投资方案的变差系数越大,则该方案的风险越大

10. 计算变差系数 v 的公式是(　　)。

　　A. $v = \sqrt{\sum\limits_{i=1}^{n}(R_i - \bar{R})^2 P_i}$　　　　B. $v = \sqrt{\sum\limits_{i=1}^{n}(P_i - \bar{P})^2 R_i}$

　　C. $v = \dfrac{\sigma}{\bar{R}}$　　　　　　　　　　D. $v = \dfrac{\bar{R}}{\sigma}$

参考答案:1.(B) 2.(A) 3.(A) 4.(B) 5.(D) 6.(D) 7.(A) 8.(B) 9.(A) 10.(C)

三、多项选择题

1. 生产经营性投资通常可以区分为(　　)。

　　A. 重置投资　　　　　　　　B. 更新投资

C. 营销投资　　　　　　　　D. 科研和人力资源投资

E. 国库券投资

2. 企业投资决策过程一般包括(　　)几个阶段。

A. 募集资金　　　　　　　　B. 提出投资建议

C. 收集和估计有关的数据　　D. 评价和选择投资方案

E. 监控投资方案的实施

3. 下列选项中,属于投资方案评价方法的有(　　)。

A. 边际收益法　　　　　　　B. 回收期法

C. 边际成本法　　　　　　　D. 净现值法

E. 内部收益率法

4. 下列说法正确的是(　　)。

A. 从经济学角度来看,今天的 1 元钱和 10 年后的 1 元钱是不同的

B. 货币的现值可以这样计算:$PV = M_0(1+r)^t$

C. 货币的终值可以这样计算:$FV = M_0(1+r)^t$

D. 货币的现值可以这样计算:$PV = \dfrac{M_t}{(1+i)^t}$

E. 投资决策分析必须考虑货币的时间价值

5. 现金流量是因实施投资方案而引起的货币收入和支出,它与会计上成本的收支是不完全相同的,具体表现在:(　　)。

A. 现金流量应以增量为基础加以衡量

B. 现金流量应以税后指标为基础加以衡量

C. 投资项目对整个企业所有的间接效应都应包括在现金流量的计算之中

D. 评估项目时不应考虑沉没成本

E. 项目中所使用的资源价值应按其机会成本来衡量

参考答案:1.(A,B,C,D) 2.(B,C,D,E) 3.(B,D,E) 4.(A,C,D,E) 5.(A,B,C,D,E)

四、判断改错题

1. 投资与经营费用其实就是一回事。(×)

改为:投资与经营费用不同,虽然两者都是资金的支出,但经营费用的支出通常只能在短期内取得一次性盈利,而投资带来的收益往往可以延续几年,甚至更长时间。

2. 营销投资直接作用于生产过程,是企业的一种有形资产的投资。(×)

改为:营销投资并不直接作用于生产过程,往往是一种对企业无形资产的

投资。

3. 更新投资实际上就是重置投资。（×）

改为：更新投资与重置投资不同，更新是设备的进步，而重置仅仅是设备的还原。

4. 资金成本即企业为获得资金必须向投资者支付的按百分率表示的成本。（√）

5. 回收期法反映了货币的时间价值，因而比较科学而精确。（×）

改为：回收期法没有考虑货币的时间价值，因而有一定的局限性。

6. 内部收益率就是使投资项目的净现值最大时的贴现率。（×）

改为：内部收益率就是使投资项目的净现值为零的贴现率。

7. 投资决策一般都会伴随一定的风险，因此决策者在进行投资决策时，一定要充分考虑风险因素的影响。（√）

8. 一个投资方案带来的结果的变动性越大，则该方案的风险越小。（×）

改为：一个投资方案带来的结果的变动性越大，则该方案的风险越大。

9. 投资风险总能够通过资产组合多样化的方法加以避免。（×）

改为：投资风险中的非系统风险可以通过资产组合多样化的方法加以分散和降低，但是其中的系统风险无法通过资产组合多样化的方法来予以消除。

10. 为了提高决策的正确性，决策者应该尽可能多地搜集相关信息。（×）

改为：信息的搜集需要成本，因而决策时不是要搜集尽可能多的信息，而是要通过成本和收益的分析来选择一个最优的信息搜集量。

五、简答题

1. 什么是投资？它与经营费用有何区别？

答：投资是指当前的一种支出，这种支出预期能够在以后较长时间内（通常指1年以上）给投资者带来收益。

投资与经营费用不同，虽然两者都是资金的支出，但经营费用的支出只能在短期内取得盈利。比如，人工费和材料费的支出，在产品售出后就可以收回，并取得盈利，这个时间一般较短，而且是一次性的；而投资带来的收益往往可以延续几年，甚至更长时间。

2. 投资决策与经营决策相比，有哪些重要特点？

答：由于投资带来的效益延续的时间很长，所以投资决策与经营决策相比，具有两个重要的特点：

（1）在投资决策中，需要把近期的现金收支与远期的现金收支相对比，因而必须考虑货币的时间价值。

(2) 在投资决策中,需要估计未来的收支,而未来总是具有很大的不确定性。因此,在投资决策中考虑风险问题就特别重要。

3. 投资决策的过程包括哪几个阶段?

答:投资决策的过程包括以下四个阶段:

(1) 提出投资建议。

(2) 收集和估计有关的数据。

(3) 评价和选择投资方案。

(4) 监控投资方案的实施。

4. 试比较净现值法和内部收益率法。

答:(1) 净现值法是先按等于或高于企业的资金成本来确定投资方案的贴现率,并以此为标准来计算项目使用期内净现金流量的现值。如果方案的净现值大于零,投资就能提高企业的市场价值,投资方案就是可行的;否则,就是不可接受的。

(2) 内部收益率法是在假定净现金收益现值等于净现金投资现值的前提下确定一个贴现率,再以此与实际的资金成本进行比较来判断投资方案的优劣。如果按方案计算出的内部收益率大于企业的资金成本或资金市场价格,方案即可以接受的;否则,就是不可取的。

(3) 对比净现值法和内部收益率法,可以看出后者只是前者在净现值等于零时的一种特例。前者的贴现率是现实的,且计算过程简便,并可根据资金成本或资金市场价格进行灵活调整;而后者的贴现率既不现实,又计算繁琐,调整不便。因此,在投资方案评价中,净现值法比内部收益率法应用更普遍。

5. 影响人们对待风险态度的因素主要有哪些?怎样降低风险?

答:(1) 影响人们对风险的态度的因素主要有两个:一是回报的大小。人们希望得到的回报越多,愿意承担的风险就越大。二是投资规模的大小。一般来说,人们投资的钱越多,愿意冒的风险就越小。

(2) 降低风险的主要途径有:① 回避风险。包括替代或取消等两种方法。② 减少风险。即在风险不可避免时,可以采用一定的措施尽量减少其风险。③ 承担风险。即大公司可以用自我保险的方法把风险接受下来。④ 分散风险。即可以通过投资多元化来分散和降低风险。⑤ 转移风险。即通过套头交易、分包和购买保险等方法把风险转移给别人。

上述大多数降低风险的措施是要付出代价的,因此,在进行风险管理的决策时,通常要在降低风险和节省成本之间进行权衡。

六、计算题

1. 有 1 万元钱,假定银行存款年利率为 2%,那么 2 年之后共有多少钱?在同样的存款利率下，5 年后的 1 万元钱的现值如何？

解：1 万元钱在年利率 2% 上存入银行 2 年后为

$$FV = 10\,000 \times (1 + 2\%)^2 = 10\,404(元)$$

在同样的利率下，5 年后 1 万元钱的现值为

$$PV = \frac{10\,000}{(1 + 2\%)^5} = 9\,057.3(元)$$

2. A 公司要对某项目进行投资，初始投资总额为 2 500 万元，项目投产后年均可获净收益 500 万元。问：该项目的投资回收期需要多少年？若行业基准投资回收期为 6 年，该方案可否接受？

解：由题意，知投资回收期为

$$n = \frac{2\,500}{500} = 5(年)$$

由于该项目的投资回收期 5 年小于行业基准的投资回收期 6 年，因此这个方案是可以接受的。

3. 某中国公司与国外一家公司在境外搞合作经营。按照协议，公司的总注册资本为 81 290 万美元，外国公司以商标品牌等无形资产作价 31 290 万美元投资，余下由中国公司直接注入资金。合作经营后，中国公司每年可得税后净现金收益 10 000 万美元，但 8 年后，企业全部资产归外国公司所有，合作中止。试问：

(1) 该合作投资方案的回收期是多少？

(2) 如果该中国公司的资金机会成本为 10%，本合作投资方案的净现值是多少？这样投资是否合算？

(已知：$\sum_{t=1}^{8} \frac{1}{(1+10\%)^t} = 5.335$)

解：(1) 投资回收期 $= \dfrac{81\,290 - 31\,290}{10\,000} = 5(年)$

所以，该合作投资方案的回收期为 5 年。

(2) 净现值 $= \sum_{t=1}^{8} \dfrac{10\,000}{(1+10\%)^t} - (81\,290 - 31\,290)$

$= 53\,350 - 50\,000$

$= 3\,350$（万美元）

由于净现值为正值，所以这样投资是合算的。

4. 假定有甲、乙两个投资方案都可用来生产某种产品,且它们的初始投资相同。方案甲在市场井喷时期(概率为 0.2)年净收益为 70 万元,正常时期(概率为 0.6)年净收益为 55 万元,衰退时期(概率为 0.2)年净收益为 15 万元。方案乙在对应的各种时期的年净收益,则分别为 115 万元、45 万元和 0 万元。试比较这两个方案风险的大小。

解:先计算两个方案的收益期望值,分别为

$$\bar{R}_甲 = 70 \times 0.2 + 55 \times 0.6 + 15 \times 0.2 = 50(万元)$$

$$\bar{R}_乙 = 115 \times 0.2 + 45 \times 0.6 + 0 \times 0.2 = 50(万元)$$

可知,甲、乙两个方案的收益期望值都是 50 万元。然后,再计算这两个方案的标准差 σ 为

$$\sigma_甲 = \sqrt{(70-50)^2 \times 0.2 + (55-50)^2 \times 0.6 + (15-50)^2 \times 0.2}$$
$$= 18.44(万元)$$

$$\sigma_乙 = \sqrt{(115-50)^2 \times 0.2 + (45-50)^2 \times 0.6 + (0-50)^2 \times 0.2}$$
$$= 36.88(万元)$$

很明显,$\sigma_乙 > \sigma_甲$,所以乙方案的风险比甲方案大。

5. 有两个投资方案,初始投资额均为 600 000 元。在以后的 10 年中,方案 A 每年的收益期望值为 120 000 元,方案 B 每年的收益期望值为 100 000 元。方案 A 的变差系数为 1.4,方案 B 的变差系数为 0.9。企业根据两个投资方案变差系数的不同,规定风险较小的方案的贴现率为 7%,风险较大的方案较风险较小的方案的风险补偿率为 5%。问:(1) 如不考虑风险,哪个方案好?(2) 如考虑风险,哪个方案好?

$$\left(已知:\sum_{t=1}^{10} \frac{1}{(1+12\%)^t} = 5.650; \sum_{t=1}^{10} \frac{1}{(1+7\%)^t} = 7.024\right)$$

解:(1) 如不考虑风险,在初始投资相同的情况下,方案 A 每年的收益期望值(120 000 元)大于方案 B 每年的收益期望值(100 000 元),所以方案 A 为优。

(2) 如考虑风险,那么

$$NPV_A = \sum_{t=1}^{10} \frac{120\,000}{(1+7\%+5\%)^t} - 600\,000$$

$$= 678\,000 - 600\,000$$

$$= 78\,000(元)$$

第八章 企业投资决策分析

$$NPV_B = \sum_{t=1}^{10} \frac{100\,000}{(1+7\%)^t} - 600\,000$$

$$= 702\,400 - 600\,000$$

$$= 102\,400(元)$$

因为 $NPV_B > NPV_A$，所以 B 方案为优。

8.3 案例分析

案例 8-1　风险、资本预算与 Kevlar

在 20 世纪 60 年代初，位于特拉华州威尔明顿的杜邦公司实验室中的一群化学家，开始研制一种由碳分子构成的超强度材料。一开始曾被称为纤维 B 的这种像布一样的材料，最终被命名为 Kevlar。该材料的开发过程经历了 25 年时间，总耗资量为 7 亿美元的初始投资外加 2 亿美元用于弥补运营亏损的开支。到 1987 年，其年销售额已达到 3 亿美元，而且杜邦公司估计，在今后 5 年中，销售额还将以每年 10% 的速度增长。

然而事实证明，公司对 Kevlar 产品的销售预期是过于乐观了。到 1980 年，杜邦生产的 Kevlar 产品中有一半以上被用于生产汽车轮胎。一些人曾预期，Kevlar 最终将成为生产轮胎所使用的主要材料。由此，杜邦公司投资兴建了其第一座 Kevlar 产品生产厂，该厂每年可生产 4 500 万磅 Kevlar。然而在杜邦刚刚开始建设这一耗资 5 亿美元的工厂之时，轮胎生产厂商们便决定选用钢材而不是 Kevlar 进行轮胎生产。这些厂商声称，Kevlar 过于昂贵，消费者更愿意使用加有钢带的轮胎。这样，对新工厂的投资似乎已无盈利的可能。

Kevlar 仍被使用于跑车和卡车轮胎的生产。在这些生产中，Kevlar 为轮胎增加了耐久性，这使得各厂商愿意为其支付更高的价格。此外，杜邦公司还请求美国军队在防弹服的生产中用 Kevlar 取代尼龙，因为这样可以增强防弹服对弹片的防御能力。之后，军方对 Kevlar 进行了长达 7 年之久的检测，公司也对产品不断进行改进以满足军方的要求。军方最后进行了这样的试验，即用半英寸厚的 Kevlar 毯子覆盖在山羊身上，然后用 0.38 口径手枪对其进行射击，结果只引起了山羊皮肤的轻度损伤，军方对这一试验结果表示满意。由 Kevlar 制成的防弹背心，还被其他执法部门所订购。即便如此，专用轮胎市场和防弹背心市场仍不足以使杜邦公司的投资盈利。

鉴于上述情况，杜邦公司开始寻求那些愿意致力于为 Kevlar 产品寻找新市场的人才。公司还决定，将其市场营销战略由试图发现 Kevlar 产品本身的新用途转变为努力发现那些适合于 Kevlar 产品的消费要求，并不断地改进 Kevlar 产品，使其能够满足这些消费者需求。结果，公司已为 Kevlar 找到了多种新用途，包括用于做宇航材料、石棉替代品，以及光缆中的绝缘体。Kevlar 现在还被用于手套、滑雪板、直升机、螺栓、桥梁缆绳，以及大型油轮停泊用缆绳的制造。杜邦公司还考虑用该材料加强袜子的耐磨性。已故的沃尔玛商店的创始人萨姆·沃尔顿（Sam Walton）还曾经建议，用 Kevlar 制作狗靴以保护猎狗的脚。

到 1987 年，杜邦公司声称已经在过去两年中取得了营业利润。尽管 Kevlar 产品的内在价值已不再被怀疑，一些产业分析家仍对该投资最终是否有利可图表示怀疑。考虑到杜邦公司对该材料的专利将于 1990 年开始失效，以及出现了其他一些竞争材料，这种担忧便更加不是没有道理的了。

资料来源：吴汉洪，董红霞编著. 管理经济学. 清华大学出版社，2005.

【案例思考】

1. 杜邦公司 Kevlar 产品的开发经历说明了什么问题？
2. 如果某企业以较高的成本开发了一项高科技产品，那么你认为应该如何来考虑该新产品的定价问题？

【分析提示】

1. Kevlar 产品的开发经历告诉我们，即便像杜邦这样的大公司，在开发新产品过程中也仍会遇到风险。比如，杜邦公司投资 5 亿美元建厂之时，轮胎生产厂商们的决定是杜邦公司没预料到的，新工厂的投资似乎已无盈利的可能，迫使杜邦公司继续努力寻求和创造盈利的机会。很显然，投资和风险是分不开的，对潜在市场，以及投资收益、成本与风险的认真分析是极其重要的。

2. 采取一种撇脂定价的策略，即在新产品最初上市时，把产品的价格定得很高，以便在较短的期间内获取最大利润。这种策略的着眼点是：尽快收回投入资金，补偿企业消耗；新产品刚刚投放市场，竞争者来不及跟进，企业可以保持一段时间的垄断地位；如果以后有竞争者进入市场，企业可以比较从容地适当降低价格，排挤竞争对手。

案例 8-2　　阿斯特拉国际公司的起伏

印尼阿斯特拉国际公司创始人谢建隆,在印尼乃至东南亚可以说无人不知。30年前,谢建隆以2.5万美元起家,经过不懈努力,终于建立起一个以汽车装配和销售为主的王国。鼎盛时期,公司拥有15亿美元的资产,年营业额达25亿美元,55%的印尼汽车市场被它占领。公司股票上市后,不少投资者认为,经营上轨道,投资风险小,且获利稳定,颇有投资价值。而谢氏家族占有绝对控制权——直接持有76%的公司股票。

但自从著名的美国王安公司申请破产以来,与其"遥相呼应"的是印尼第二大集团企业——阿斯特拉国际有限公司也陷入了"泥潭"。一些有识之士毫不客气地指出:酿成这一悲剧的症结完全在于该公司的创业者、印尼华人富商谢建隆患上了严重的"家族企业症"。

这得从谢建隆的大儿子爱德华谈起。爱德华曾获企业管理硕士学位,回到印尼后,决心大干一番。1979年,爱德华以2.5万美元成立了第一家企业——苏玛银行。当时印尼经济刚刚开始腾飞,政府信用扩充,天时配合,以及凭着"谢建隆"这个金字招牌所代表的信誉,他以很少的抵押就能贷到大笔资金。接着,他投资金融保险业务和房地产开发,资本迅速膨胀,10年之内,以苏玛银行为中心的苏玛集团拥有10亿美元的资产,事业遍及欧美和东亚地区,成为与阿斯特拉集团相当的集团企业。

殊不知,巨大成功的背后潜伏着重重危机。从一开始,爱德华就犯了一个不可饶恕的错误:他的王国建立在债务上,而不是稳扎稳打上来的。爱德华这10年的经营,似乎只知道"以债养债",不计代价的成长,基础极其脆弱,没有一些像样的经济实体与之配合。如果机会不再,危险便会接踵而来。果然,到了1990年底,印尼政府意识到经济发展过热,开始实行一系列紧缩政策,银根收紧便是其中之一。苏玛集团顿时陷入难堪的境地——苏玛银行的贷款无法回收,经营的房地产又不易脱手,而高达5亿美元的债务,单是20%以上的利息就足够拖垮集团。当储户们听说苏玛银行有问题,便开始抢兑,从而一发不可收拾,苏玛集团岌岌可危。

爱德华大难临头,谢建隆唯一能采取的补救措施是以阿斯特拉的股票作抵押来筹措资金。想不到,"屋漏偏逢连夜雨",阿斯特拉公司的股票又因印尼经济萎缩、汽车市场疲软而价格下跌,结果犹如推倒多米诺骨牌那样,不可逆转。这时,正好是1992年底。三十年辛劳半年毁,长使英雄泪满襟。本来,苏玛集团和阿斯特拉集团无所有权关系,"苏玛"的灾难不应拖垮谢氏集团,谢建隆完全可以不负连带责任。那么,究竟什么原因促使谢建隆下决心"拯救"呢?看来无非是两个原因:一方面是维持自家信用,另一方面难舍舐犊之情,不肯学壮士断腕。结果事与愿违,不但无济于事,反而将他的老本都赔光。

资料来源:孔英编著.管理经济学.北京大学出版社,2012.

【案例思考】

1. 谢氏家族企业的悲剧该归咎于何种原因?
2. 通过本案例,你对投资中的风险有何认识与体会?

【分析提示】

1. 谢氏家族企业的悲剧发生并不在于爱德华不会"守业",而恰恰暴露了像爱德华这样的第二代企业家往往是低估了企业经营的困难与风险。如果再往深层看,主要问题还是在谢建隆身上。这是因为:其一,应当看到,他不轻易将企业的"权杖"交给儿子,固然不错,但是,作为识途的老马,他理应告诫或阻止爱德华不能靠过度借债来扩充事业;其二,1990年底苏玛集团发生危机时,他又低估了事态的严重性,把长期问题当作短期问题来处理,直至1992年底仍不能完全清醒。进一步地,这里面反映出谢氏家族企业缺乏科学的公司治理结构,董事会的独立性不够,存在内部人控制,企业重大决策的监督制约机制缺失,这应该才是谢氏家族企业悲剧产生的根本症结。

2. 风险来源于不确定性,由于投资是一个长期过程,投资过程中许多参数随着时间推移和空间转换会发生变化。比如,宏观经济形势与政府产业政策的变化等。因此,投资风险的存在是不以企业的意志为转移的客观存在,从严格意义上讲,几乎所有的投资方案决策都是在风险条件下进行的。企业在进行投资决策的时候,不仅要计算方案的效益指标,还必须充分考虑到方案可能隐含的风险因素,并科学地加以衡量,综合论证和比选方案的效益性和可靠性,以及企业自身可能的风险承受能力,并在项目的推进过程中采取各种切实可行的途径和措施来有效地防范和降低相关风险。

(不限于此,各抒己见,言之有理、能够自圆其说均可。)

案例 8-3 柯达百年沉浮史

2012 年 1 月 19 日,有着 130 多年历史的美国著名企业柯达公司提交了破产保护申请,此前该公司筹集新资金进行业务转型的努力宣告失败。2013 年 5 月,柯达公司正式提交退出破产保护的计划;当地时间 2013 年 8 月 20 日,美国联邦破产法院批准柯达公司脱离破产保护、重组为一家小型数码影像公司的计划;2013 年 9 月 3 日,柯达公司正式退出破产保护。

昨日辉煌

1880 年,当时还是银行职员的乔治·伊士曼开始利用自己发明的专利技术批量生产摄影干版,并在翌年与商人斯特朗合伙成立了伊士曼干版公司。1881 年末,伊士曼从罗切斯特储蓄银行辞职,投入全部精力经营自己的新公司,同时继续研究简化摄影术的方法。1883 年,伊士曼发明了胶卷,摄影行业发生了革命性的变化。随着柯达照相机在 1888 年推出,伊士曼奠定了摄影大众化的基础。几经变化之后,伊士曼的公司在 1892 年更名为伊士曼柯达公司。1964 年,立即自动相机上市,当年销售 750 万架,创下了照相机销量的世界最高纪录。1966 年,柯达海外销售额达 21.5 亿美元,当时位于感光界第二的爱克发销量仅及它的 1/6。1975 年,柯达垄断了美国 90% 的胶卷市场以及 85% 的相机市场。2002 年,柯达的全球营业额增值 128 亿美元,全球员工总数约 7 万人。

错失时机

在全球影像业快速迈入数字时代后,由于发展战略尚未厘清导致产业中心偏差,柯达公司的产品发展重点长期围绕着已有的胶卷、印像和冲洗业务打转,压制了数码相机的进步。即使在摄影技术从胶片化向数码化转型的趋势十分明显时,柯达依然沉溺于传统胶片。

其实,柯达进入数字摄影行业并不晚。1975 年,柯达就已研发出数码相机,却未能将其变成利润增长点。柯达 1995 年才发布首款傻瓜型数码相机供非专业摄影师使用;1998 年开始生产民用数码相机。数据显示,柯达曾参与数码相机崛起的每一个细节,在其拥有的超过 10 000 多项专利中,有 110 项的数字图像专利组合,远超过其他任何一个同行。

在 20 世纪 90 年代末,"影像数码化"的市场确实已经越来越明显,但是由于主营的胶卷业务占据了市场份额的半壁江山,作为行业龙头的柯达一再迟疑,导致错失数码转型的时机。从 2000 年起,数码相机市场高速增长,索尼、佳能、三星、尼康等数码企业纷纷杀入相机领域,对传统的胶片领域产生了势不可挡的替代威胁。2000 年,全球数码成像市场翻了差不多两倍,但是彩色胶卷在此后则以每年 10% 的速度急速下滑。在该年度,柯达的数字产品只卖到 30 亿,仅占其总收入的 22%。2002 年柯达的产品数字化率也只有 25% 左右,而竞争对手富士已达到 60%。

两次转型难挽颓势

柯达曾两次启动战略转型,但都没有让柯达的经营业绩峰回路转。2003 年 9 月,柯达正式宣布放弃传统的胶卷业务,重心向新兴的数字产品转移,将原来的胶片影像部门、医学影像部门、商业影像部门重组为商业影像、商业冲印、医疗影像、数字及胶片影像系统、显像及零部件五大数字科技部门。但当时传统市场的巨额投资成了柯达转向数码市场的庞大包袱。2004 年,柯达推出 6 款姗姗来迟的数码相机,但利润率仅 1%,其 82 亿美元的传统业务的收入则萎缩了 17%。2007 年 12 月,柯达决定实施第二次重组,这是一个时间长达 4 年、耗资 34 亿美元的庞大计划。在该重组中,柯达裁员 2.8 万人,裁员幅度高达 50%。不过,2008 年的金融危机终结了柯达短暂的复苏势头。2010 年,全球数码成像市场翻了差不多两倍,但柯达的数码业务收入却基本与 1999 年持平,只占营业额的 21%。这一年,柯达收入近 200 亿美元,营业亏损高达 5 800 万美元,其主要的利润来源竟是专利技术的转让。

英雄末路

2012 年初,柯达负债高达 68 亿美元,而其资产总额仅为 51 美元。十余年间,柯达总市值蒸发超过 99%。自 1997 年后,除 2007 年一年外,柯达再无盈利记录。柯达作为感光行业的王牌品牌,曾经创造出一系列的辉煌成绩。在数码影像技术的冲击下,传统胶卷的辉煌时代一去不复返了。在胶片业务上分外执着的柯达,曾参与数码技术变革的每一个细节,但是其固执和数码时代的迟钝,最终导致了其百年辉煌后的陨落。

资料来源:根据 2013 年 8 月 22 日出版的《经济参考报》和 2013 年 9 月 8 日出版的《长江商报》的相关报道整理而成。

【案例思考】

1. 柯达何以会从曾经的行业龙头走到被迫重组?
2. 柯达百年辉煌的终结给了我们什么启示?

第八章 企业投资决策分析

【分析提示】

1. 数码影像技术终结了柯达的百年辉煌,但作为数码影像领域先驱的柯达并不缺乏技术储备,也曾参与到数码技术变革的每一个细节,归根到底,其固执的经营投资和市场战略恐怕才是其陨落背后的深层次原因。在市场受到新兴的数字产品的冲击时,柯达仍沉浸在成功的光环下,对市场需求趋势变化缺乏前瞻性的科学预判,反应迟钝,错判了数码产业链的发展前景,在胶片业务上分外执着,依然沉溺于传统胶片产品的市场份额和垄断地位,背离需求,在需要转型的时间却固执地干起了重复投资的事,错失了数码转型的恰当时机,没有及时抓住数码时代赋予的发展机遇。等到柯达2003年下定决心转型却为时已晚,积重难返,两次战略转型均以失败而告终,只能亦步亦趋无奈地被迫重组。

2. 柯达百年辉煌的终结说明,辉煌与风险相伴而生,随着时代的变迁,没有任何"英雄"企业可以漠视变化、高枕无忧,在创新浪潮中没有退路,要么在持续创新中焕发生机,要么在固执和傲慢中死去。市场瞬息万变,企业管理者应该时刻保持高度的市场敏感性,并根据外部经营环境及企业自身的内部条件,及时地对市场需求变化作出恰当反应,因势利导,科学合理地组织资源,取长补短,使企业经营行为与市场需求紧密衔接。同时,要坚持双联互动,关注机遇的风险识别、评估和防范,兼顾机遇和风险两种因素,实现机遇的最大收益值和风险的最小损失率的整体优化。

(不限于此,各抒己见,言之有理、能够自圆其说均可。)

案例 8 - 4 自由资本

Flynt Fabrics 一度因为较高的库存量以及很长的提前期(lead time)而遭受损失。通过对该企业内部情况的分析发现,该公司的实际生产时间大约是2天,然而持有19天的库存。该公司主管知道,如果通过快速交付产品来降低他们的货物库存量,那么公司在市场上的竞争地位就能显著提高。

通过将边缘路由(edge routing)、以太网(ethernet),以及顾客管理网络(subscriber management)整合到一个可拓展(scalable)的网络平台上,Smartedge 多服务边缘路由器(MS-ER)使得企业能够在一个密集的多频率网络上传输视频音频以及数据资源。这个创新性的、目的明确的 Smartedge 平台通过减少网络元素、简化网络结构使公司交易成本的降低成为可能。Yankee Group 通过分析得出：建立一个多用户端的网络，并且公布路径、以太网，以及客户管理的整合方式，可以产生客观的总体拥有成本 TCO 优势。

Level 5 Networks 研制出了 Ether-Fabric（一种软件全面解决方案）、专用的硅芯片，以及高性能的 NIC 硬件。这些科技成果使得 Ether Networks 即使在将来对网络性能要求越来越高的情况下，也能算得上首屈一指的高性能处理器网络。按照 Genuine 公司的说法，Ether-Fabric 是目前唯一一个建立在以太网上具有较高处理容量的互联网络。它在现有的标准下具有 100% 的二元兼容性，同时能够轻易实现 10Gb/s 以上的拓展能力。

同时，Ether-Fabric 一个重要的特性便是对资本成本的控制。Ether-Fabric 除了在目前标准下能够提供完全的向后兼容性，从而极大地降低了运维成本，还将必需的服务器数量减少了 50%。这种成本降低的直接原因是 Ether-Fabric 在传输网络数据时对主服务器 CPU 资源占用量较少，同时还能够保证服务器之间更快捷的数据交换，以及更快的传输速度。

资料来源：[美]威廉·博伊斯著.管理经济学：市场与企业（第 2 版）.李自杰，刘畅译.中国人民大学出版社，2013.

【案例思考】

1. 为什么案例中的上述公司要致力于降低资本投入？
2. 企业应该如何有效地使用资本？

【分析提示】

1. 资本成本是一种支出，就像劳动力成本和原材料成本一样，比如，隔板下面或者储物间里的货物就包含着资本但是却没有收入，也有资本被捆绑在花费很大或价格昂贵的闲置设备当中。类似这些资金的沉淀或闲置都会增加企业运营成本，特别是资本成本，从而直接影响到企业的获利水平与经济效益。当然，案例中的上述企业要努力降低资本投入，无疑这是一种有效提升企业经营绩效的积极行为。

2. 资本是有价的，如果我们可以在不影响收益的前提下减少成本，毫无悬念企业效益会增加。因此，企业应该有效率地使用它的资本。企业必须确保资本被分配在公司内价值利用最高的地方，而且必须确保资本成本最小化。像存有大量超过需要的货物、多余的生产容量、资金分配在停止运作的项目上、不恰当地使用资金预算，这些活动都会造成不必要的支出浪费和资源损失。事实上，资金预算本身就是一个对项目可能带来的收益与运行项目所必需的资金的比较。如果企业将资金分配到不能带来较高收益的项目上面，这将会是对资金的极大浪费。

第九章

市场失灵与政府微观经济政策

9.1 本章要点

1. 市场效率就是指市场在配置资源方面的效率,其最优状态为帕累托最优状态。帕累托最优状态是指如果产品在消费者之间的分配已达到这样一种状态,即任何重新分配都会至少降低某个消费者的满足水平,那么这种状态就是最优的或最有效率的状态。同样,如果生产要素在企业之间或企业内部的配置已达到这样一种状态,即任何重新配置都至少会降低某个企业或某种产品的产量,那么这种状态也是帕累托最优状态。

2. 在实际的市场体系中,或多或少地存在着各种限制,使市场机制在很多时候不能使资源有效配置,从而出现所谓的"市场失灵"。"市场失灵"就是指市场机制在某些情况下不能正常发挥作用,使得社会资源的配置产生扭曲。导致市场失灵的主要原因有垄断因素、外部性、公共物品和不完全信息等。

3. 垄断因素的存在使得市场中的一部分企业能够不同程度地影响甚至操纵价格,导致市场机制配置资源能力的削弱和市场效率的相对低下。政府对付垄断的办法包括制定并严格执行反垄断法和促进有效竞争等,而反垄断法主要有强行分拆、阻止合并和禁止勾结等政策主张。

4. 造成市场机制低效率的主要因素之一的外部性,有"正"的,即外部经济;也有"负"的,即外部不经济。从社会的角度来看,私人活动的水平在存在外部经济时往往"太低",而在存在外部不经济时又往往"太高"。解决外部性问题通常有三种办法:一是使用税收和补贴;二是通过企业合并;三是明确产权。最后这种办法的依据是"科斯定理":只要产权是明确的,并且其交易成本为零或者很小,则无论在开始时将产权赋予谁,市场均衡的最终结果都是有效率的。

5. 在多数情况下,市场机制对公共物品的配置是无能为力的。公共物品是指供整个社会共同享用的物品,具有消费上非竞争性和非排他性两个显著的特点。由于在公共物品场合存在着"免费搭便车"之类的现象,追逐利润的私人企业也就不会有兴趣来生产这种产品。因此,政府必须为公共物品的生产作出安排,但安排的形式可以有多种。

6. 在现实经济生活中,信息常常是不完全和不对称的。在这种情况下,市场机制的作用受到了很大的限制,容易形成所谓的"逆向选择"和"道德风险"。此时,需要政府在信息方面进行介入和调控,以保证消费者和生产者能够得到充分的和正确的市场信息,进而使他们能够作出正确的选择。

9.2 习题与解答

一、名词解释

1. 市场效率:是指市场在配置资源方面的效率。

2. 帕累托最优:是指这样一种状态,相对于这种状态来说,任何的改变都不可能使某个人的状况变好,而不使其他人的状况变坏。

3. 市场失灵:是指市场机制在某些情况下不能正常发挥作用,使得社会资源的配置产生扭曲。

4. 外部性:是指某个人的一项活动给其他人的福利造成了好的或坏的影响,但却并没有得到相应的报酬或者给予相应的补偿。

5. 公共物品:是指供整个社会共同享用的物品。

6. 科斯定理:只要产权是明确的,并且其交易成本为零或者很小,则无论在开始时将产权赋予谁,市场均衡的最终结果都是有效率的。

7. 逆向选择:在信息不对称的情况下,掌握私人信息的一方就完全可能利用其有利地位来为自己谋求利益,造成劣质产品排挤优质产品,这种以次充好、以假乱真的现象就叫作"逆向选择"。

8. 道德风险:是指从事经济活动的人在最大限度地增进自身效用的同时,做出不利于他人的行动。

二、单项选择题

1. 人们对使用什么样的资源和生产什么样的产品进行经济选择是由( )决定的。

A. 资源的稀缺性 B. 产品的稀缺性
C. 资源的需求性 D. 产品的需求性
2. 为了提高资源配置的效率,政府对竞争性行业的企业的垄断行为( )。
 A. 是提倡的 B. 是限制的
 C. 是不管的 D. 有条件地加以支持
3. 某一经济活动存在外部不经济是指该活动( )。
 A. 私人成本大于社会成本 B. 私人成本小于社会成本
 C. 社会利益大于社会成本 D. 私人利益小于社会利益
4. 某一经济活动存在外部经济是指该活动( )。
 A. 私人利益大于私人成本 B. 私人成本小于社会成本
 C. 私人利益大于社会利益 D. 私人利益小于社会利益
5. 某人的吸烟行为属于( )。
 A. 生产的外部经济 B. 消费的外部经济
 C. 生产的外部不经济 D. 消费的外部不经济
6. 某项生产活动存在外部不经济时,其产量( )帕累托最优产量。
 A. 小于 B. 大于
 C. 等于 D. 以上三种都可能
7. 在下列物品(服务)中,属于纯公共物品的是( )。
 A. 公办大学 B. 有线电视
 C. 供应煤气 D. 城市绿化
8. 交易信息不对称,比如说买方不清楚卖方一些情况,是由于( )。
 A. 卖方故意要隐瞒自己的情况 B. 买方认识能力有限
 C. 完全掌握情况所费成本太高 D. 以上三种都可能
9. 如果上游工厂污染下游居民的饮水,按照科斯定理,( ),问题就可以解决。
 A. 不管产权是否明确,只要交易成本为零
 B. 只要产权明确,且交易成本为零
 C. 只要产权明确,不管交易成本有多大
 D. 不论产权是否明确,交易成本有多大
10. 政府提供的物品( )公共物品。
 A. 不都是 B. 一定是 C. 不是 D. 少部分是

参考答案:1.(A) 2.(B) 3.(B) 4.(D) 5.(D) 6.(B) 7.(D) 8.(D) 9.(B) 10.(A)

三、多项选择题

1. 导致市场失灵的原因有(　　)。
   A. 垄断因素　　　　　　　　B. 外部性
   C. 公共物品　　　　　　　　D. 信息不完全
   E. 政府的有为

2. 下列选项中,属于公共物品的有(　　)。
   A. 国防　　　　　　　　　　B. 警察
   C. 消防　　　　　　　　　　D. 商品房
   E. 公共教育

3. 政府为公共物品的生产作出安排的形式可以有(　　)。
   A. 直接生产　　　　　　　　B. 向社会购买
   C. 直接投资　　　　　　　　D. 让市场来调节
   E. 让社会来解决

4. 为了消除外部影响,政府一般采用的政策是(　　)。
   A. 税收　　　　　　　　　　B. 补贴
   C. 合并企业　　　　　　　　D. 拆分企业
   E. 明晰产权

5. 为了消除垄断,政府一般采用的政策是(　　)。
   A. 强行分拆　　　　　　　　B. 阻止合并
   C. 禁止勾结　　　　　　　　D. 有效竞争
   E. 合并企业

参考答案:1.(A,B,C,D)　2.(A,B,C,E)　3.(A,B,C)　4.(A,B,C,E)　5.(A,B,C,D)

四、判断改错题

1. 有"看不见的手"发挥作用,所以政府对经济干预根本就是多余的。(×)
   改为:市场机制在某些情况下是不能正常发挥作用的,这就需要政府对经济运行进行适度的干预和管理。

2. 如果存在不使至少一个人境况变坏就无法使任何一个人的境况变好的这样状态,那么就是达到了帕累托最优状态。(√)

3. 温室效应是政府失灵的一种表现。(×)
   改为:温室效应是一个典型的市场失灵的例子。

4. 同一种经济活动,既可能产生正的外部性,也可能产生负的外部性。(√)

5. 某人种植鲜花,使周围的人也能免费享受鲜花的芳香,这就是正的外部性。

第九章 市场失灵与政府微观经济政策

(√)

6. 在多数情况下,市场机制对公共物品的配置是可以发挥正常作用的。(×)

改为:在多数情况下,市场机制对公共物品的配置是无能为力的。

7. 由于垄断会使效率下降,因此任何垄断都是要不得的。(×)

改为:尽管垄断存在弊端,但并不表明任何形式的垄断都是应该绝对禁止的。

8. 只要产权是明确的,则无论在开始时将产权赋予谁,市场均衡的最终结果都是有效率的,这就是著名的科斯定理。(×)

改为:只要产权是明确的,并且其交易成本为零或者很小,则无论在开始时将产权赋予谁,市场均衡的最终结果都是有效率的,这就是著名的科斯定理。

9. 由于公共物品存在"免费搭便车"现象,所以,就只能由政府直接从事生产。(×)

改为:公共物品应该由政府负责提供,但是政府提供决不等于政府直接生产。

10. 逆向选择与道德风险可以同时存在。(√)

五、简答题

1. 什么是市场效率?衡量市场效率的标准是什么?

答:市场效率就是指市场在配置资源方面的效率。帕累托最优为衡量市场效率提供了一个标准:如果产品在消费者之间的分配已达到这样一种状态,即任何重新分配都会至少降低某个消费者的满足水平,那么这种状态就是最优的或最有效率的状态;同样,如果生产要素在企业之间或企业内部的配置已达到这样一种状态,即任何重新配置都至少会降低某个企业或某种产品的产量,那么这种状态也是帕累托最优状态。

2. 什么是市场失灵?导致市场失灵的原因有哪些?

答:市场失灵是指市场机制在某些情况下不能正常发挥作用,使得社会资源的配置产生扭曲。导致市场失灵的主要原因包括:

(1) 垄断因素。垄断力量的存在,使得市场中的一部分企业能够不同程度地影响甚至操纵价格,并从中得到好处,这就削弱了市场机制配置资源的能力,造成了生产能力剩余和资源被闲置,破坏了帕累托最优的资源配置状态,使之均衡于低效率之中。

(2) 外部性。与社会最优相比,私人活动的水平在存在外部经济时往往"太低",而在存在外部不经济时又往往"太高",因而企业可能会较少地生产对社会有益的产品,或者过多地生产社会成本较高的产品,这样市场的效率相对就会降低。

(3) 公共物品。公共物品是指供整个社会共同享用的物品,存在着消费上非竞争性和非排他性两个显著的特点,容易产生"免费搭便车"之类的现象,这样在多数情况下,市场机制对公共物品的配置是无能为力的。

(4) 不完全信息。在现实经济生活中,信息常常是不完全和不对称的。在这种情况下,市场机制的作用受到了很大的限制,容易形成所谓的"逆向选择"和"道德风险"。

3. 如何判断生产的外部经济和外部不经济?并举例说明。

答: 某个生产者的一项经济活动可能会给社会上其他成员带来好处,但他自己却不能由此而得到补偿,这时,该生产者从其活动中所得到的私人利益就小于该活动所带来的社会利益,这种性质的外部性被称为生产的外部经济。例如,养蜂人和养花人为邻,养蜂人得到了额外的好处,而养花人不能因此而索取回报。一个企业对其员工进行培训,而这些员工可能转到其他单位去工作,该企业往往并不能从其他单位索回培训费用或其他形式补偿。

在另外一些情况下,当某生产者的一项经济活动给社会上其他成员带来危害,但他自己却并不为此支付足够抵偿这种危害的成本时,该生产者为其活动所支付的私人成本就小于该活动所造成的社会成本,这种性质的外部性被称为生产的外部不经济。例如,工厂在生产产品时向外排放废气、废水影响周围居民健康,是生产的外部不经济的典型例子。工厂的废气、废水不经治理便排出厂外,对工厂来说可以降低成本,然而社会由于承受了这种有害的外部影响而遭受到损失。

4. 举例说明信息的不完全会给市场的运行带来什么问题?政府应该如何作为?

答: 信息的不完全会给市场的运行带来许多问题。例如,在商品市场上,往往卖方对所卖的商品情况了如指掌,而买方却很难了解产品的内在性质。在这种情况下,伪劣产品会堂而皇之地进入市场,局部市场内甚至会出现伪劣产品排挤优质产品而占据市场主角的"劣品驱逐优品"现象,优质产品在竞争中失败,市场选择了伪劣产品,违背市场竞争中优胜劣汰的选择法则,形成所谓的"逆向选择"现象;在保险市场上,处于相对信息优势的投保人在投保后,可能会降低对所投保标的的预防措施,从而使损失发生的概率上升,给保险公司带来损失的同时降低了保险市场的效率,形成所谓的"道德风险"。

针对这些情况,就需要政府在信息方面进行介入和调控。比如,通过建立和完善相关的法律、法规(如反不正当竞争法、消费者权益保护法、广告法、商标法和生产许可证制度等),以及加大对假冒伪劣商品的打击力度,促进市场信息的正确传递,来切实维护市场主体的合法权益和恢复市场机制配置资源的能力。

5. 你是怎样认识政府、市场和企业三者之间关系的?

答: 在社会主义市场经济条件下,市场机制在资源配置中起着决定性作用,它

第九章 市场失灵与政府微观经济政策

像一只"看不见的手"引导着资源得到合理的配置和利用。但是,在现实经济中,由于一些因素的干扰,使这只"看不见的手"经常不能正常发挥作用,导致市场失灵,资源配置达不到最优状态。因此,经济的运行除了需要市场机制这只"看不见的手"调节外,还需要政府这只"看得见的手"进行适度的干预与调节。政府对企业的干预,主要不是直接的,而是间接的。即主要不是通过行政手段直接干预企业的日常经营决策,而是通过对企业生产经营决策活动所面临的外部社会经济条件施加影响,来控制和引导企业行为,以实现社会资源尽可能的优化配置。政府、市场和企业的关系可以用"政府调控市场,市场引导企业"来概括。

9.3 案例分析

案例 9-1 黄浦江死猪事件的警钟

2013年3月9日,数千头死猪浮现在上海黄浦江面。多年来,黄浦江一直都有死猪出现,但爆发这样大规模的死猪漂浮事件,却是这一年才有的事情。该事件通过各大媒体和网络的迅速传播,引起上海市民极大关注,尤其是对水源安全的忧虑和担心,一度引发纯净水抢购风潮,还使净水器的需求大增。

黄浦江死猪漂浮事件发生之后,上海市政府迅速组织农业、环保、水务、卫生等部门,开展死猪打捞、无害化处理、抽样检测、水质和环境监测等工作。截至3月12日15时,上海全市共打捞死猪5916头,黄浦江及相关水域漂浮死亡生猪数量明显减少,打捞量开始下降。

从3月8日开始,上海市有关方面就开始对"死猪来源"问题进行全面调查。到11日,上海市政府新闻办正式对外发布消息说,有关部门对松江水域收集的部分生猪耳标进行了信息核查,初步确定这些死猪主要来自浙江省嘉兴地区。嘉兴市随后也表示,2013年以来,嘉兴市因养殖条件、养殖技术、气候等因素死亡了7万头猪,确实存在一些死猪乱扔的情况。

嘉兴地区生猪养殖看起来规模很大,实际上仍然属于小农经济,缺乏现代农业要素,特别是安全生产管理体系明显缺位,例如对病死猪进行无害化处理,花费成本问题界定不明确。嘉兴地区农户处理死猪每头可以获得80元补助,但在实际操作过程中,因为死猪数量太大,补贴不到位情况突出。同时,对病死猪的处理主要采取厌氧发酵,需要占用土地,而现有土地资源处在超负荷状态。

此次死猪事件,对粗放的养猪模式敲响了警钟。嘉兴市有关部门表示,要拿出壮士断腕的勇气推进养猪产业结构调整,实现养殖业发展与环境保护的有机统一,彻底解决猪粪围城、死猪围城的局面。一些专家指出,死猪事件不是偶然发生的,需要有长效应对之策:一是解决庞大的养殖量与管理能力不匹配的问题;二是建立联防机制防止死猪"顺流而下"。

资料来源:根据 2013 年 3 月 20 日出版的《人民日报》和《新华每日电讯》的相关报道及文章整理而成。

【案例思考】

1. 试分析本案例中嘉兴地区部分养殖户随意抛弃死猪行为的外部性。
2. 你认为应该如何防范和治理类似死猪事件的"跨界污染"问题?

【分析提示】

1. 所谓外部性,是指某个人的一项活动给其他人的福利造成了好的或坏的影响,但却并没有得到相应的报酬或者给予相应的补偿。当某个生产者或消费者的一项经济活动可能会给社会上其他成员带来好处,但他自己却不能由此而得到补偿,这时,这个人从其活动中所得到的私人利益就小于该活动所带来的社会利益,这种性质的外部性被称为外部经济或正外部性。在另外一些情况下,某生产者或消费者的一项经济活动给社会上其他成员带来危害,但他自己却并不为此支付足够抵偿这种危害的成本时,这个人为其活动所支付的私人成本就小于该活动所造成的社会成本,这种性质的外部性被称为外部不经济或负外部性。本案例中嘉兴地区部分养殖场户随意抛弃死猪行为就是一个比较典型的关于生产的负外部性的例子。对病死猪不是按规定进行无害化处理,而是随意丢弃到大江大河,对那部分养殖场户来说的确可以节省处置成本,然而死猪在河道腐烂、变质,甚至沿江"跨界"漂流,极易造成水质污染及传染病等问题,这对公共环境甚至是公共安全都可能会有严重影响,对于全社会来说,将要为此付出高昂的代价,承担难以估量的风险,肯定是很不经济的。

2. 纵观这次死猪事件从起源到化解的来龙去脉,再联系各地的水污染、雾霾、沙尘暴等诸多环境突发事件,不难发现,仅仅是事发地一方的末端处置,就算是再尽心再周全再有担当,也会显得力不从心、捉襟见肘,只能收一时之效,而非正本清源的长久之计。面对这种"跨界污染",囿于一隅、以邻为壑是没有出路的,还须追根溯源,加强防范和协同治理。必须建立起畅通而有效的多部门、跨地域的联防联动机制,从监控到预警,从信息沟通到联动协调,从源头追溯到责任追究,在这些方面需要进一步加强系统设计、行动协调和力量对接。

(不限于此,各抒己见,言之有理、能够自圆其说均可。)

案例 9-2

沃尔玛在德国

1962年,山姆·沃尔顿和他的哥哥巴德在阿肯色州罗杰斯城开设了第一家沃尔玛商店。从此,沃尔玛以两位数的年增长率增长,成为世界上最大的零售商。20世纪80年代后期,沃尔玛开始了雄心勃勃的国际化进程。在国际化舞台上,沃尔玛证明了美国的成功方程式。大量使用高新科技、精密的物流和存货管理技术降低成本,使得天天平价成为可能;强调客户服务、积极的员工。所有这些在拉丁美洲和加拿大都获得很大成效。

1997年年底,沃尔玛扩张到了德国。而这一扩张却是灾难性的。沃尔玛于2006年退出德国市场,在此期间,可以说沃尔玛没有赚到任何钱,因为它在竞争中输给了德国本土折扣零售商阿尔迪(Alid)和利德尔(Lidl)。此外,在1996年之前德国政府规定商店的营业时间为:平日关门时间为下午的6:30,周末为下午2点。1996年之后政府规定延后到晚间8时,周末则由下午2时延后到4时。2003年6月9日德国终于打破由来已久的传统,准许商家在周六的营业时间延长4小时,由原本的下午4点关门延后到晚上8点。沃尔玛的7天24小时服务理念由此也无法实施。《德国限制竞争法案》20(4)章节规定:"禁止具有市场影响力优势的企业提供价格低于成本的产品。"于是沃尔玛的低价策略也受到了限制。在美国,沃尔玛是完全无工会的雇主。在德国以及欧洲大陆的其他大部分国家,工会在政治上和公司内部都有巨大的影响力。德国工会反对沃尔玛的招聘做法,并且在德国有关工作场所的法律条款中添加了相应内容。德国人从政府得到了相当丰厚的福利。他们不工作能获得的政府福利和沃尔玛一个相对低工资职位的报酬差不多,于是他们问自己,何必去那儿工作呢?结果造成沃尔玛很难招聘到足够的员工去提供它的"优质服务"。由于文化差异,沃尔玛还无法说服德国本土的管理者实施美国式管理。

资料来源:[美]威廉·博伊斯著.管理经济学:市场与企业(第2版).李自杰,刘畅译.中国人民大学出版社,2013.

【案例思考】

1. 为什么沃尔玛在美国和其他地方都获得了成功,但是在德国却惨遭失败?
2. 结合本案例分析政府管制对市场的影响。

【分析提示】

1. 沃尔玛在德国扩张的失利,究其主要原因,大概可以归纳为受到以下两个方面因素的影响和冲击。一是政府管制。如果市场能够有效运行,没有受到当地政府特定的干预和规制,那么像沃尔玛这样提供较低价格的超市无论在哪里都可能是受欢迎的。但是,德国法律明文禁止企业提供低于成本的产品,并且由于德国政府的关于营业时间的限制,沃尔玛的 7 天 24 小时服务理念也难以实施,这样,很难发挥其在美国的经营优势。二是文化差异。由于社会文化的不同,政府福利模式迥异,沃尔玛在德国难以招到足够的员工去提供它的"优质服务",也没有办法去实施美国的管理模式。

2. 市场形势可分为两类:市场主导和政府主导。在自由市场上若没有政府干预,市场更容易达到帕累托最优状态,但同时会导致社会不公平的出现,或多或少地伴随市场失灵。所以,市场上仍然需要政府进行辅助管制,即市场主导、政府干预的状态,以更好发挥政府作用来弥补市场失灵,推动资源配置依据市场规则、市场价格、市场竞争实现效益最大化和效率最优化。政府管制有可能会带来较多社会公平,但与此同时不当干预也降低了市场效率。比如本案例中提到的沃尔玛,如果德国是一个自由市场,没有那么多的政府管制,那么沃尔玛可能会像在美国那样迅速壮大,但是正因为存在各种政府规制,导致其不能发挥企业竞争优势,最终在德国尝到了失败的滋味。

案例 9-3
"一毛钱处方"引发的争议

如今一毛钱能买到什么?常州一位市民近日在市内一家医院给孩子看病时,仅花了一毛钱,孩子的病就痊愈了。这个"一毛钱处方"被病人家属誉为"世界上最便宜的处方"(《扬子晚报》6 月 9 日报道)。原来,常州这位市民有一个 16 个月大的婴儿得了细菌感染导致的腹泻,接诊医生只给开了 5 粒"痢特灵",药费区区一毛钱,3 天后,孩子的病就好了。在许多医生丧失医德,为赚取回扣乱开高价药,让患者对"看病贵"叫苦连天的今天,该医院接诊医生的这种做法可谓特立独行,迅速成为媒体报道、网上热传的新闻,引来了无数的感慨、称赞和追捧。

2010年6月18日,知名科普作家方舟子在《新华每日电讯》专栏中撰文指出,"痢特灵"有多种副作用,有的副作用还相当严重,例如对中枢神经系统能造成不可逆的损伤。即使是最低用量,也对身体有系统性的毒性。"痢特灵"所属的硝基呋喃类药物被美国食品药品管理局认定为属于致癌物和诱变剂,因此在1991年退出了美国市场,并禁止在饲料中添加。我国农业部也在2002年禁止"痢特灵"作为兽药使用。婴幼儿对"痢特灵"的毒性更为敏感,在婴儿身上使用能损害中枢神经系统,具有致癌、诱变作用的药物是极为不负责任的。开"痢特灵"是滥用药,即使只有一毛钱也不应该。

资料来源:根据2010年6月9日出版的《扬子晚报》和2010年6月18日出版的《新华每日电讯》的相关报道和文章整理而成。

【案例思考】

1. 结合本案例,你认为当前医疗领域中可能会存在哪些市场失灵的现象?
2. 你对案例中的争议有些什么看法?

【分析提示】

1. 在医疗领域中,医患之间所掌握的信息通常是不完全和不对称的,相对患者而言,无论是在疾病知识方面,还是在诊疗技术方面,医生和医院都是天然的垄断者,由此就可能导致市场的失灵,出现一些败德行为。一方面,医生和医院受自身经济利益驱动的影响,利用职业的特殊垄断地位,在医疗服务上诱导不必要的需求,导致"大处方""小病大治""无病检查"的现象,无谓地加重了患者的负担,造成了医疗资源的极大浪费;另一方面,在医患关系备受诟病的当下,也不能排除一些医生和医院走向另一极端,为了迎合患者和博取社会的眼球而进行"逆向选择",一味地追求低价用药,甚至为了贪图一时的便宜使用过时或有着严重副作用的药物,全然不顾对患者的身体可能造成的伤害,从而形成另一种形式的市场失灵。

2. 政府绝不能把原本市场失灵的医疗领域推向市场,应该从制度设计上切实保障并推进医生和医院"合理检查、合理治疗、合理用药",从根本上有效消除"药价虚高、滥用高价药"的现象,使医疗资源得到更为合理的配置,那些医风医德高尚、诊疗技术高超的优秀医务人员和医疗机构理应得到全社会的尊重和褒奖。但是,我们也应该警惕并防止因此走向另一极端,一味地追求低价用药。用药的原则并非越便宜越好,而在于使用得合理,尽量使用最有效、最安全的药物,尽量少用药,然后才是尽量选用便宜的药,必须综合考虑和比较药品的成本效果。(不限于此,各抒己见,言之有理、能够自圆其说均可。)

案例 9-4　产业政策还是创新政策

产业政策的本质就是政府在行业中挑选成功者和失败者,对成功者进行资助,而并不对失败者进行扶持。然而,目前有一种观点认为政府应该对新兴行业进行投资,因为这个行业的发展需要大量资金,无法仅仅依靠行业内企业的投资。持此观点的人援引美国国防部先进研究项目局(DARPA)对因特网的前身——阿帕网的开发赞助的例子。如果政府没有支持阿帕网的开发,那么我们现在可能都没有因特网。单个企业是不会对这些项目进行开发投资的,这主要是因为前期投资额太大,而从开发出技术到商业应用的时间周期太长,企业无法预测到其投资的货币化收益。他们还指出,这种情况在诸如生物技术、纳米技术、机器人技术等新兴基础性技术行业中非常普遍。这些新兴基础性技术的研发投资过于庞大,以致任何一个独立的私人部门都无法承担。因此,政府应该加强对于这类基础开发项目的支持。

如果美国政府未曾对 IBM、谷歌、甲骨文、Akamai、惠普等企业的技术研发进行初期投资,或大额采购这些公司最早生产的产品,它们最初甚至不能存活下来,更不要说拥有如今世界领先的行业地位了。政府应该在审慎研究的基础上,有目的、有策略地对一些经过挑选的新兴技术——那些能够带来产业、企业和就业市场全面繁荣,甚至能够推动经济今后 20～30 年发展的新兴技术进行投资,这类似于一种战略性的赌注。政府需要对诸如机器人技术、纳米技术、新能源技术、生物技术、生物合成技术、高性能计算技术、数字化平台技术、智能交通系统技术、移动互联网技术和健康信息技术等新兴技术产业进行足够的投资。

资料来源:[美]威廉·博伊斯著.管理经济学:市场与企业(第 2 版).李自杰,刘畅译.中国人民大学出版社,2013.

【案例思考】

1. 政府甄选行业中的成功者和失败者是否有效?
2. 你对案例中提出的产业政策是否持反对意见?如果不是,你为什么支持政府选择行业的成功者和失败者?

第九章 市场失灵与政府微观经济政策

【分析提示】

1. 政府甄选成功者和失败者本质上是一个中央计划经济模型,但它有可能是无效的。政府无法准确辨别出哪些技术将会成功,哪些技术将会失败,由市场去抉择才是唯一可以决定成败的方法。让市场在无政府不当干扰的情况下自行运转,这样价格便会包含所有存在的分散信息,从而决定成功和失败。当政府介入选择的时候,会产生可见的和不可见的影响。不可见的影响是指,如果政府没有介入系统,技术创新将会得到发展。如果政府将资源分配到其他地方,一些科学技术将不会产生重大突破。

2. 对案例中提出的产业政策并不持反对意见。如果没有经过市场的锤炼,因特网将会演变成法国 Minitaur 系统,变得无效。没有人利用它开发创新或创造新的与众不同的生产技术。也许,像因特网的发展一样,政府部门可以在项目的初期投资,之后离开,放给市场来管理。这在一定程度上表明,政府可以审慎地参与选择某些行业的成功者和失败者。如果没有政府的融资和支持,这种高成本的项目或许就无法启动,有些创新的幼苗可能会在市场的冲击下被扼杀在摇篮中。

附 录

模拟试卷一

一、单项选择题(每题 1 分,共 14 分)

1. 管理经济学涉及管理中的( )。
   A. 企业资源合理配置有关的经济决策方面
   B. 人事、组织决策方面
   C. 财务决策方面
   D. 销售决策方面

2. 需求不变,供给变动会导致( )。
   A. 均衡价格和均衡交易量按相同方向变动
   B. 均衡价格按相反方向变动,均衡交易量按相同方向变动
   C. 均衡价格按相同方向变动,均衡交易量按相反方向变动
   D. 均衡价格的变动要视供求双方增减的程度的大小而定

3. 如果连续地增加某种生产要素,在总产量达到最大时,边际产量曲线( )。
   A. 与纵轴相交 B. 经过原点
   C. 与平均产量曲线相交 D. 与横轴相交

4. 如果等成本曲线在坐标平面上与等产量曲线相交,那么要素生产等产量曲线表示的产量水平( )。
   A. 应增加成本支出 B. 不能增加成本支出
   C. 应减少成本支出 D. 不能减少成本支出

5. 在长期中,下列成本当中不存在的是( )。
   A. 不变成本 B. 平均成本

C. 机会成本 D. 隐性成本

6. 短期平均成本曲线呈 U 形的原因与( )。
   A. 规模报酬有关
   B. 规模经济性有关
   C. 要素的边际生产率有关
   D. 固定成本和可变成本所占比重有关

7. 在任何市场上,产品的平均收益曲线可以由( )。
   A. 它的产品供给曲线表示   B. 行业的产品供给曲线表示
   C. 它的产品需求曲线表示   D. 行业的产品需求曲线表示

8. 行业产量增加时生产要素的价格下降,从而导致产品成本下降,则该行业是( )。
   A. 成本递增行业   B. 成本不变行业
   C. 成本递减行业   D. 以上任何一个

9. 将一件商品的价格定成 99.9 元,而不定成 100 元,这是采用了( )。
   A. 撇脂定价策略   B. 渗透定价策略
   C. 产品组合定价策略   D. 心理定价策略

10. 成本加成定价法的定价基础是( )。
    A. 边际成本   B. 不变成本   C. 可变成本   D. 全部成本

11. 下列选项中,表达正确的是( )。
    A. $PV = \dfrac{M_0}{(1+i)^t}$　　B. $FV = \dfrac{M_t}{(1+i)^t}$
    C. $PV = M_0(1+r)^t$　　D. $FV = M_0(1+r)^t$

12. 计算标准差 σ 的公式是( )。
    A. $\sigma = \sqrt{\sum\limits_{i=1}^{n}(R_i - \bar{R})^2 P_i}$　　B. $\sigma = \sqrt{\sum\limits_{i=1}^{n}(P_i - \bar{P})^2 R_i}$
    C. $\sigma = \dfrac{v}{\bar{R}}$　　D. $\sigma = \dfrac{\bar{R}}{v}$

13. 人们对使用什么样的资源和生产什么样的产品进行经济选择是由( )决定的。
    A. 资源的稀缺性   B. 产品的稀缺性
    C. 资源的需求性   D. 产品的需求性

14. 政府提供的物品( )公共物品。
    A. 不都是   B. 一定是   C. 不是   D. 少部分是

二、多项选择题(每题 2 分,多选漏选均不给分,共 16 分)

1. 下列选项中,属于经济物品的有(   )。
   A. 食品   B. 汽车
   C. 阳光   D. 服装
   E. 空气

2. 当由于某种原因市场上存在超额供给时,会出现的情况是(   )。
   A. 由于商品过多导致商品价格下降
   B. 如果商品质量好的话,价格就不会下降
   C. 如果价格不下降,就会有部分商品卖不出去
   D. 就算价格不下降,也不会影响商品销售,只是需要的时间久一些
   E. 政府如果规定的价格高于均衡价格,可以采取收购市场上消化不掉的商品的手段保证生产者利益

3. 规模收益递增的原因有(   )。
   A. 生产专业化协作
   B. 某些生产要素具有不可分割性
   C. 规模扩大便于管理
   D. 规模扩大后企业就相对更具有竞争优势
   E. 企业员工技能随企业规模扩大而提高

4. 在短期中,下列要素当中属于可变成本的是(   )。
   A. 设备、厂房   B. 工人的工资
   C. 原材料、燃料   D. 管理人员的工资
   E. 产品包装费用

5. 大部分市场都是不完全竞争市场,主要原因是(   )。
   A. 企业有追求规模经济的倾向   B. 消费者的数量太多
   C. 进入壁垒的出现   D. 企业的数量太多
   E. 完全竞争市场所应具备的条件无法完全满足

6. 下列说法中,错误的有(   )。
   A. 系列产品中,价格弹性大的产品,价格应定得高一点
   B. 系列产品中,价格弹性小的产品,价格应定得低一点
   C. 互补产品中,对基本产品应定高价,对配套产品应定低价
   D. 配套出售的商品价格应该定得比单个出售低
   E. 配套出售的商品价格应该定得比单个出售高

7. 现金流量是因实施投资方案而引起的货币收入和支出,它与会计上成本的

收支是不完全相同的,具体表现在:(　　)。
A. 现金流量应以增量为基础加以衡量
B. 现金流量应以税后指标为基础加以衡量
C. 投资项目对整个企业所有的间接效应都应包括在现金流量的计算之中
D. 评估项目时不应考虑沉没成本
E. 项目中所使用的资源价值应按其机会成本来衡量

8. 下列选项中,属于公共物品的有(　　)。
A. 国防　　　　　　　　　B. 警察
C. 消防　　　　　　　　　D. 商品房
E. 公共教育

三、计算题(每题10分,共30分)

1. 假设某企业的产量随工人人数的变化而变化,而且工人是该企业唯一的可变投入要素,两者之间的关系可用下列方程表示:$Q = 100L - 2L^2$。这里,Q指每天的产量,L指每天雇佣的工人人数。又假定产品无论生产多少,都能按市场单价25元售出,工人每天的工资均为200元。那么,该企业为谋求利润最大,每天应雇佣多少工人?

2. 某微型企业单位产品的变动成本为4.5元/件,固定成本为13 000元,原价为7.5元/件。现有人愿按6元/件的价格订货10 000件,但企业需要为此追加固定成本9 000元。如不接受这笔订货,企业就无活可干。如果选择接受订货,企业可获取的利润和贡献各为多少? 企业是否应承接此订货?

3. 某公司有两个分公司:制造分公司和销售分公司。制造分公司生产无外部市场的中间产品T,卖给销售分公司供出售用,其单位变动成本为每件60元,生产总成本为24 000万元。销售分公司每年向制造分公司购买300万件中间产品T,其销售总成本为12 000万元(不包括T的转移价格),出售的最终产品F的销售价格为每件180元。如果双方协议按成本大小分配利润,那么应如何给中间产品T定价?

四、论述题(每题20分,共20分)

需求价格弹性与销售收入之间的关系如何?有人说,气候不好对农民不利,因为农业要歉收。但有人讲,气候不好对农民有利。因为农业歉收以后谷物会涨价,收入要增加。对此你有何评价?

五、案例分析题(每题20分,共20分)

(1) 根据所给的案例材料,运用本课程所学理论进行分析论证。

(2) 要说明自己的观点和认识,理论运用要恰当,逻辑阐述要清楚,观点陈述要明确。

红富士苹果怎么这么贵

2010年的金秋十月正是苹果初上市的季节,然而上海市民却明显感觉到红富士的价格比往年贵了不少。10月26日,在静安、长宁等区的多家水果店里,标明产地为陕西的红富士苹果已大量上市,水果摊的最显眼位置摆着黄里透红、又圆又大的红富士苹果,一眼看上去十分诱人,不过价格也不菲,根据成色的不同,分4.8元、5.8元、6.8元、7.8元等几种,最便宜的也要10元3斤。静安区一家联华超市里的特级红富士竟然标价20.8元/千克,天天红富士为16.8元/千克。"秋天里,连苹果也吃不起了。"不少市民叹息道。

为何2010年的红富士价格如此之高?市果品行业协会有关人士表示,2010年的红富士苹果价格的确比往年贵了三到五成,一来因为2010年的人工费和物流费上涨较多,成本的上涨带动了苹果价格上涨;二来因为2010年的反常天气导致苹果减产,优质苹果产量下降。而苹果减产歉收又让游资"嗅"到了商机,游资的炒作又可能推动苹果价格再次飙升。

与苹果价格上涨形成鲜明对比的是,2010年的柿子价格相对便宜。在静安区的一些水果摊上,杭州奶油柿零售价只有1元/斤,北京盆柿、桂林大红柿等柿子价格基本都为10元3斤。原来2010年是柿子的丰收年,因此价格相对便宜。"吃不起苹果咱改吃柿子。"一位市民幽默而无奈地说道。有些消费者也表示会考虑吃梨、橘子、柚子、香蕉、冬枣,毕竟现在市场上可选择的水果十分丰富。

资料来源:根据2010年10月27日出版的《上海青年报》的相关报道整理而成。

【案例思考】

1. 运用管理经济学的相关知识分析红富士苹果的价格为什么会大幅上涨?
2. 你认为应该如何理性地来看待农产品价格的上涨?

一、单项选择题(每题1分,共14分)

1.(A) 2.(B) 3.(D) 4.(C) 5.(A) 6.(C) 7.(C) 8.(C) 9.(D) 10.(D) 11.(D) 12.(C) 13.(A) 14.(A)

二、多项选择题(每题 2 分,多选漏选均不给分,共 16 分)
1.（A,B,D） 2.（A,C,E） 3.（A,B,C,D） 4.（B,C,E） 5.（A,C,E）
6.（A,B,C,E） 7.（A,B,C,D,E） 8.（A,B,C,E）

三、计算题(每题 10 分,共 30 分)

1.

解：劳动的边际产量 $MP_L = \dfrac{d(100L - 2L^2)}{dL} = 100 - 4L$ （3 分），

劳动的边际产量收入 $MRP_L = 25 \times (100 - 4L)$ （2 分）。

根据劳动投入最优的必要条件 $MRP_L = \omega$，可得

$$25 \times (100 - 4L) = 200 \quad (3 分)$$

容易解出 $L = 23$。即该企业为实现利润最大,每天应雇佣 23 名工人 （2 分）。

2.

解：(1) 企业如果接受订货,则接受订货后的利润为

$$\pi = 销售收入 - (变动成本 + 固定成本)$$
$$= 6 \times 10\,000 - (4.5 \times 10\,000 + 13\,000 + 9\,000)$$
$$= -7\,000(元) \quad (4 分)$$

(2) 企业接受订货后的贡献将为

$$贡献 = 单位产品贡献 \times 产量 - 追加的固定成本$$
$$= (6 - 4.5) \times 10\,000 - 9\,000$$
$$= 6\,000(元) > 0 \quad (4 分)$$

因此,该企业应承接此订货 （2 分）。

3.

解：总公司的利润为

$$180 \times 300 - (24\,000 + 12\,000) = 18\,000 (万元) \quad (2 分)$$

如果双方协议按成本大小分配利润,即按 2∶1(=24 000 万元∶12 000 万元)的比例分配总利润 18 000 万元。因此,制造分公司应得利润 12 000 万元,销售分公司应得利润 6 000 万元 （2 分）。

制造分公司要得到 12 000 万元利润,其总收入应为 24 000 万元 + 12 000 万元 = 36 000 万元。因此,每件中间产品的价格应定为

$$\frac{36\,000}{300} = 120(元/件) \quad (3分)$$

所以,对中间产品 T 应定双重价格:以单位变动成本 60 元/件确定转移价格,是为了销售分公司能正确地进行短期决策;以 120 元/件确定转移价格,是为了在两个分公司之间按成本大小合理地分配利润,正确地评价各分公司的绩效,调动它们长期的生产经营积极性,以实现企业的总目标 (3分)。

四、论述题(每题 20 分,共 20 分)

需求价格弹性与销售收入之间的关系如何?有人说,气候不好对农民不利,因为农业要歉收。但有人讲,气候不好对农民有利。因为农业歉收以后谷物会涨价,收入要增加。对此你有何评价?

(要点)

● 需求价格弹性与销售收入之间的关系:需求富有弹性的商品,其销售总收益与价格是反方向变动的。即提高价格,总收益下降;降低价格,总收益增加。需求缺乏弹性的商品,其销售总收益与价格是同方向变动的。即提高价格,总收益增加;降低价格,总收益下降。另外,很明显,单位弹性($|E_p|=1$)的商品,其销售总收益不随价格变动而变动 (5分)。

需求价格弹性与销售总收益的关系

需求价格弹性 E_p	价格变动	需求量变动	总收益变动
$|E_p|>1$(富有弹性)	上升	下降更多	下降
	下降	上升更多	上升
$|E_p|=1$(单位弹性)	上升	同比例下降	不变
	下降	同比例上升	不变
$|E_p|<1$(缺乏弹性)	上升	下降较少	上升
	下降	上升较少	下降

(3分)

● 气候不好对农民是否有利,要看农民的总收入在气候不好的情况下如何变动。显然,气候不好的直接影响是农业歉收。即农产品的供给减少,这表现为农产品的供给曲线向左方移动 (2分)。假若此时市场对农产品的需求状况不发生变化,即需求曲线固定不动,那么农产品供给的减少将导致均衡价格的上升。由于对农产品的需求一般缺乏弹性,根据需求的价格弹性与销售收入之间的关系可知,价格上涨时农民的总收入将随着均衡价格的上升而增加。所以,在需求状况不因气候不好发生变化,并且对农产品的需求缺乏弹性的情况下,气候不好引致的农业歉收对农民增加收入是有利的 (5分)。当然,倘若需求状况也同时发生变化,或者需求不是缺乏弹性的,或者基本无农产品可供给,那么农民将不因气候不好而得到更多的收入。所以,气候不好对农民是否有利要根据具体情况来分析,不能笼统下判断 (5分)。

五、案例分析题(每题 20 分,共 20 分)
基本要求:
(1) 根据所给的案例材料,运用本课程所学理论进行分析论证。
(2) 要说明自己的观点和认识,理论运用要恰当,逻辑阐述要清楚,观点陈述要明确。

本题答题要点:

● 根据管理经济学的相关知识可知,价格是由供、求两方面的因素决定的,需求的变动会引起均衡价格同方向变动,供给的变动会引起均衡价格反方向变动,同时成本也往往是商品价格的下限,成本越高,商品的价格也相应地会随之提高 (4分)。本案例中,一方面由于 2010 年春季天气反常,红富士苹果主产区出现了"倒春寒",致使很多果树只开花不结果,严重影响了苹果产量,直接导致了苹果价格的急剧上升 (3分);另一方面,因为 2010 年的人工费和物流费上涨较多,成本的上涨又在一定程度上带动了红富士苹果价格的上涨,价格随之水涨船高 (3分)。另外,一些游资的炒作同时也进一步推动了红富士苹果价格的一路走高 (2分)。

● 从长期来看,由于土地资源日趋稀缺、农资和人工等种植成本居高不下,农产品价格上涨应该是一个趋势。此举能够有效增加农民收入、保障我国农业持续健康发展 (4分)。与此同时,国家也应密切关注农产品价格,防止其过快上涨影响公众日常生活,对于囤积居奇、肆意炒作农产品价格的行为坚决进行打击,将农产品价格控制在合理范围之内 (4分)。

(本题鼓励言之有理、言之有物、言之有序的个性化观点,并酌情给分。)

模拟试卷二

一、单项选择题(每题 1 分,共 14 分)
  1. 资源的稀缺性是指(   )。
     A. 资源必须保留给下一代

B. 相对于资源的需求而言资源总是不足的

C. 世界上大多数人生活在贫困中

D. 世界上的资源最终将消耗光

2. 构成市场的两个基本因素是(　　)。
　　A. 竞争与协作　　　　　　　B. 供求和价格
　　C. 国家和企业　　　　　　　D. 需求和供给

3. 如果供给不变、需求增加,则(　　)。
　　A. 均衡价格和交易量都会提高
　　B. 均衡价格和交易量都会下降
　　C. 均衡价格会提高,交易量会下降
　　D. 均衡价格会下降,交易量会提高

4. 下列选项中,用来度量沿着需求曲线移动,而不是曲线本身移动的弹性是(　　)。
　　A. 需求的价格弹性　　　　　B. 需求的收入弹性
　　C. 需求的交叉价格弹性　　　D. 都有可能

5. 下列说法不正确的是(　　)。
　　A. 只要总产量减少,边际产量一定是负数
　　B. 只要边际产量减少,总产量也一定减少
　　C. 边际产量的下降一定先于平均产量
　　D. 边际产量曲线一定在平均产量的最高点处与之相交

6. 假如某企业在现有的生产要素投入量下,产量为 100 万件,当所有生产要素投入量同时增加到两倍时,产量为 150 万件,则该企业生产是(　　)。
　　A. 边际收益＝边际成本　　　B. 规模收益递增
　　C. 规模收益不变　　　　　　D. 规模收益递减

7. 长期平均成本曲线呈 U 形的原因与(　　)。
　　A. 规模经济性有关　　　　　B. 边际收益递减规律有关
　　C. 要素的边际生产率有关　　D. 边际成本递增规律有关

8. 成本函数反映(　　)。
　　A. 产品的成本与价格之间的关系
　　B. 产品的成本与收入之间的关系
　　C. 产品的成本与产量之间的关系
　　D. 产品的成本与投入量之间的关系

9. 对于一个垄断企业而言,它的边际收益(　　)。

  A. 大于价格   B. 等于价格
  C. 小于价格   D. 曲线是水平线

10. 在一般情况下,企业产品的市场价格若低于(　　)就应停止生产。
  A. 平均成本   B. 平均可变成本
  C. 边际成本   D. 平均固定成本

11. 一般情况下,产品定价的下限是(　　)。
  A. 成本   B. 顾客接受的价格
  C. 竞争对手产品的价格   D. 正常利润

12. 在无外部市场的条件下,为了使买方分公司的短期决策能与总公司的决策保持一致,对中间产品的转移价格应(　　)。
  A. 按全部成本来确定   B. 按全部成本加利润来确定
  C. 按变动成本来确定   D. 按市场价格来确定

13. 在不确定的环境里,决策者是否需要进一步搜集信息,主要取决于(　　)。
  A. 信息重要性的大小
  B. 信息价值的大小
  C. 信息搜集成本的大小
  D. 信息价值与信息搜集成本的比较

14. 在下列物品(服务)中,属于纯公共物品的是(　　)。
  A. 公办大学   B. 有线电视   C. 供应煤气   D. 城市绿化

二、多项选择题(每题 2 分,多选漏选均不给分,共 16 分)

1. 管理经济学对于企业管理者能够发挥的作用是(　　)。
  A. 为决定资源在企业内部的有效配置方案提供分析框架
  B. 消除企业经营的风险
  C. 对各种经济信号作出反应
  D. 规范企业内部人事管理
  E. 保证企业经营决策的准确性

2. 商品 X、Y 为互补品,则当商品 Y 的价格上升时(　　)。
  A. Y 的需求量会减少   B. Y 的需求量会增加
  C. X 的需求量会减少   D. X 的需求量会增加
  E. X 的需求量不会变化

3. 若某商品的需求曲线是向右下方倾斜的直线,则我们可以断定(　　)。
  A. 该商品具有不变的弹性

B. 该商品的弹性不等于斜率,但等于斜率的倒数
C. 价格较高的点弹性比价格较低的点弹性大(绝对值)
D. 价格较高的点弹性比价格较低的点弹性小(绝对值)
E. 在该需求曲线与坐标轴交点的线段上,中点处的需求价格弹性为1

4. 下列关于边际收益递减规律发生作用的前提条件的说法中,正确的有(　　)。
   A. 生产要素投入量的比例是可变的
   B. 以技术水平保持不变为前提
   C. 所增加的生产要素具有同样的效率
   D. 边际收益递减是在投入的可变生产要素超过一定数量以后才会出现
   E. 只有在大企业才会适用,小企业不适用

5. 下列说法中,错误的有(　　)。
   A. 在产量的某一变化范围内,只要边际成本曲线位于平均成本曲线的上方,平均成本曲线一定向下倾斜
   B. 短期边际成本曲线在达到一定产量水平后趋于上升,是由边际收益递减规律造成的
   C. 长期平均成本曲线在达到一定产量水平后趋于上升,是由边际收益递减规律造成的
   D. 边际成本曲线与平均可变成本曲线相交于其最高点
   E. 边际成本曲线与平均可变成本曲线相交于其最低点

6. 下列选项中,属于完全竞争市场特点的有(　　)。
   A. 市场上有许多销售者和购买者　　B. 同类商品同质无差别
   C. 各种生产要素可自由流动　　　　D. 市场信息可在市场中自由流动
   E. 企业可以自主定价

7. 下列选项中,属于心理定价策略的有(　　)。
   A. 整数定价策略　　　　　　　　　B. 尾数定价策略
   C. 成本定价策略　　　　　　　　　D. 折扣定价策略
   E. 促销定价策略

8. 下列说法正确的是(　　)。
   A. 从经济学角度来看,今天的1元钱和10年后的1元钱是不同的
   B. 货币的现值可以这样计算:$PV = M_0(1+r)^t$
   C. 货币的终值可以这样计算:$FV = M_0(1+r)^t$

D. 货币的现值可以这样计算：$PV = \dfrac{M_t}{(1+i)^t}$

E. 投资决策分析必须考虑货币的时间价值

三、计算题(每题10分,共30分)

1. 假定某企业的生产函数为 $Q = 6L^{0.5}K^{0.5}$，劳动力(L)的价格为每单位60元,资金(K)的价格为每单位135元。如果企业希望生产3 600单位的产品,它应该投入L和K各多少才能使成本最低？此时的成本是多少？

2. 完全竞争行业中某企业的短期成本函数为 $TC = Q^3 - \dfrac{15}{2}Q^2 + 18Q + 50$，假设产品价格为60万元/台。求该企业利润最大时的产量及利润总额。

3. 有两个投资方案,初始投资额均为650 000元。在以后的12年中,方案A每年的收益期望值为130 000元,方案B每年的收益期望值为110 000元。方案A的变差系数为1.48,方案B的变差系数为1.21。企业根据两个投资方案变差系数的不同,规定风险较小之方案的贴现率为6%,风险较大之方案较风险较小之方案的风险补偿率为4%。问：(1) 如不考虑风险,哪个方案好？(2) 如考虑风险,哪个方案好？

$$\left(已知：\sum_{t=1}^{12} \dfrac{1}{(1+10\%)^t} = 6.814; \sum_{t=1}^{12} \dfrac{1}{(1+6\%)^t} = 8.384\right)$$

四、论述题(每题20分,共20分)

请联系实际说明,企业在进行面向未来的决策时,应该如何对待沉没成本？在短期生产决策中,企业应该使用利润,还是使用贡献来作为决策的依据？为什么？

五、案例分析题(每题20分,共20分)

(1) 根据所给的案例材料,运用本课程所学理论进行分析论证。

(2) 要说明自己的观点和认识,理论运用要恰当,逻辑阐述要清楚,观点陈述要明确。

红富士苹果涨价了

2010年的金秋十月正是苹果初上市的季节,然而上海市民却明显感觉到红富士的价格比往年贵了不少。10月26日,在静安、长宁等区的多家水果店里,标明产地为陕西的红富士苹果已大量上市,水果摊的最显眼位置摆着黄里透红、又圆又大的红富士苹果,一眼看上去十分诱人,不过价格也不菲,根据成色的不同,分4.8

元、5.8元、6.8元、7.8元等几种,最便宜的也要10元3斤。静安区一家联华超市里的特级红富士竟然标价20.8元/千克,天天红富士为16.8元/千克。"秋天里,连苹果也吃不起了。"不少市民叹息道。

为何2010年的红富士价格如此之高?市果品行业协会有关人士表示,2010年的红富士苹果价格的确比往年贵了三到五成,一来因为2010年的人工费和物流费上涨较多,成本的上涨带动了苹果价格上涨;二来因为2010年的反常天气导致苹果减产,优质苹果产量下降。而苹果减产歉收又让游资"嗅"到了商机,游资的炒作又可能推动苹果价格再次飙升。

与苹果价格上涨形成鲜明对比的是,2010年的柿子价格相对便宜。在静安区的一些水果摊上,杭州奶油柿零售价只有1元/斤,北京盆柿、桂林大红柿等柿子价格基本都为10元3斤。原来2010年是柿子的丰收年,因此价格相对便宜。"吃不起苹果咱改吃柿子。"一位市民幽默而无奈地说道。有些消费者也表示会考虑吃梨、橘子、柚子、香蕉、冬枣,毕竟现在市场上可选择的水果十分丰富。

资料来源:根据2010年10月27日出版的《上海青年报》的相关报道整理而成。

【案例思考】

1. 需求价格弹性与销售收入之间的关系如何?试运用该理论分析苹果减产歉收与价格上涨并存的情况是否对果农有利?
2. 你是怎样理解"吃不起苹果咱改吃柿子"这句话的?

参考答案

一、单项选择题(每题1分,共14分)
1.(B) 2.(D) 3.(A) 4.(A) 5.(B) 6.(D) 7.(A) 8.(C) 9.(C) 10.(B) 11.(A) 12.(C) 13.(D) 14.(D)

二、多项选择题(每题2分,多选漏选均不给分,共16分)
1.(A,C,E) 2.(A,C) 3.(C,E) 4.(A,B,C,D) 5.(A,C,D) 6.(A,B,C,D) 7.(A,B,D,E) 8.(A,C,D,E)

三、计算题(每题10分,共30分)

1.

解: $MP_L = \dfrac{d(6L^{0.5}K^{0.5})}{dL} = 3L^{-0.5}K^{0.5}$ (2分)

$$MP_K = \frac{d(6L^{0.5}K^{0.5})}{dK} = 3L^{0.5}K^{-0.5} \quad (2\,\text{分})$$

由 $P_L = 60$ 元，$P_K = 135$ 元，根据多种可变投入要素最优组合的条件，有

$$\frac{3L^{-0.5}K^{0.5}}{60} = \frac{3L^{0.5}K^{-0.5}}{135}$$

整理得 $4L = 9K$ （2 分）。解方程组 $\begin{cases} 4L = 9K \\ 6L^{0.5}K^{0.5} = 3\,600 \end{cases}$，可得

$$\begin{cases} L = 900(\text{单位}) \\ K = 400(\text{单位}) \end{cases} \quad (2\,\text{分})$$

所以，如果企业希望生产 3 600 单位的产品，它应该投入 L 和 K 分别为 900 单位和 400 单位才能使成本最低，此时的成本是 $60 \times 900 + 135 \times 400 = 108\,000$（元）（2 分）。

2.

解：由 $TC = Q^3 - \frac{15}{2}Q^2 + 18Q + 50$，得

$$MC = \left(Q^3 - \frac{15}{2}Q^2 + 18Q + 50\right)'$$

$$= 3Q^2 - 15Q + 18 \quad (3\,\text{分})$$

当利润最大时，则 $MC = P$，即 $3Q^2 - 15Q + 18 = 60$，可得 $Q = 7$（台）(3 分)。

所以，$\pi = TR - TC = 60 \times 7 - \left(7^3 - \frac{15}{2} \times 7^2 + 18 \times 7 + 50\right) = 268.5$（万元）(4 分)。

3.

解：(1) 如不考虑风险，在初始投资相同的情况下，方案 A 每年的收益期望值（130 000 元）大于方案 B 每年的收益期望值（110 000 元），所以方案 A 为优 (2 分)。

(2) 如考虑风险，那么

$$NPV_A = \sum_{t=1}^{12} \frac{130\,000}{(1+6\%+4\%)^t} - 650\,000$$

$$= 885\,820 - 650\,000$$

$$= 235\,820(元) \quad (3\,分)$$

$$NPV_B = \sum_{t=1}^{12} \frac{110\,000}{(1+6\%)^t} - 650\,000$$

$$= 922\,240 - 650\,000$$

$$= 272\,240(元) \quad (3\,分)$$

因为 $NPV_B > NPV_A$，所以 B 方案为优 （2 分）。

四、论述题（每题 20 分，共 20 分）

请联系实际说明企业在进行面向未来的决策时应该如何对待沉没成本？在短期生产决策中，企业应该使用利润，还是使用贡献来作为决策的依据？为什么？

（要点）

● 沉没成本是指不因新的决策而变化的成本，如决策前已经支出的成本或已经承诺支出的成本。沉没成本是已经沉到"海底"而无法收回的过去的成本，它与面向未来的企业决策是无关的，应采取"随它去"的超脱态度。正所谓"沉没成本已经沉没，过去的就让它过去吧"（5 分）。

相关实例。至少举一实例加以说明 （5 分）。

● 在短期生产决策中，企业应该使用贡献来作为决策的依据 （2 分）。这是因为：

(1) 单位产量的利润等于价格减去单位变动成本和单位分摊固定成本。由于固定成本不会受到短期决策的影响，即在短期生产决策中，固定成本是沉没成本，属于非相关成本。因此，单位产量的利润并不能反映出短期决策引起的利润的变化，从而在短期生产决策中不能使用利润作为决策的依据 （4 分）。

(2) 贡献是指由决策引起的增量利润，等于由决策引起的增量收入减去决策引起的增量成本。如果产品的价格不变，那么，增加单位产量的增量收入就等于价格，增加单位产量的增量成本就等于单位变动成本，增加单位产量的贡献就等于价格减去单位变动成本。因此，在短期生产决策中，企业使用贡献作为决策的依据，恰好不必考虑作为沉没成本的固定成本，从而能准确地反映出短期决策引起的利润的变化 （4 分）。

五、案例分析题（每题 20 分，共 20 分）

基本要求：

(1) 根据所给的案例材料，运用本课程所学理论进行分析论证。

（2）要说明自己的观点和认识，理论运用要恰当，逻辑阐述要清楚，观点陈述要明确。

本题答题要点：

- ① 需求价格弹性与销售收入之间的关系：需求富有弹性的商品，其销售总收益与价格是反方向变动的。即提高价格，总收益下降；降低价格，总收益增加。需求缺乏弹性的商品，其销售总收益与价格是同方向变动的。即提高价格，总收益增加；降低价格，总收益下降 （5分）。

② 由于2010年春季天气反常，苹果主产区出现了"倒春寒"，致使很多果树只开花不结果，造成了苹果的减产歉收与供给减少，而苹果这类农产品的需求弹性又相对缺乏，这也就直接导致了苹果市场价格的不断攀升 （4分）。根据需求的价格弹性与销售收入之间的关系可知，苹果价格上涨时果农的总收入将随着均衡价格的上升而增加，所以，苹果减产歉收与价格上涨并存的情况对果农增加收入应该是有利的 （4分）。当然，倘若果农因减产歉收而基本无苹果可供给，或者商品中间流通环节费用过高的话，那么果农将不会因减产歉收而得到更多的收入（2分）。

- "吃不起苹果咱改吃柿子"这句话反映了苹果和柿子等水果之间存在着一定的替代关系。当苹果的价格不断上涨，而它的替代品柿子等水果在市场上十分丰富，且价格相对便宜的时候，消费者就会把对苹果的需求部分转移到柿子等水果上面来，这在客观上对苹果的价格上涨趋势也会起到一定的抑制作用 （5分）。

（本题鼓励言之有理、言之有物、言之有序的个性化观点，并酌情给分。）

图书在版编目(CIP)数据

管理经济学习题与案例指南/毛军权编著. —2 版. —上海:复旦大学出版社,
2014.8(2024.7 重印)
(复旦卓越·21 世纪管理学系列)
上海高校重点建设课程配套教材
ISBN 978-7-309-10897-2

Ⅰ. 管… Ⅱ. 毛… Ⅲ. 管理经济学-高等学校-教学参考资料 Ⅳ. F270

中国版本图书馆 CIP 数据核字(2014)第 168484 号

管理经济学习题与案例指南(第二版)
毛军权 编著
责任编辑/岑品杰

复旦大学出版社有限公司出版发行
上海市国权路 579 号 邮编:200433
网址:fupnet@fudanpress.com http://www.fudanpress.com
门市零售:86-21-65102580 团体订购:86-21-65104505
出版部电话:86-21-65642845
常熟市华顺印刷有限公司

开本 787 毫米×960 毫米 1/16 印张 10 字数 175 千字
2024 年 7 月第 2 版第 10 次印刷

ISBN 978-7-309-10897-2/F·2069
定价:22.00 元

如有印装质量问题,请向复旦大学出版社有限公司出版部调换。
版权所有 侵权必究